Gartengestaltung

Robin Williams

Gartengestaltung

Ideen, Pläne und Anleitungen für 25 Gartentypen

Mit ca. 200 farbigen Fotos
und Illustrationen
Mehr als 60 Gartenplänen zu
25 Gartentypen
Ideen und Anleitungen
Ausführlicher Pflanzenkatalog

Mosaik Verlag

Für Ann

Titel der Originalausgabe: The Garden Planner
Aus dem Englischen von Angelika Feilhauer
und dem Redaktionsbüro Dr. Zeltner
Fachliche Beratung: Dipl.-Ing. Stefan Längst, Landshut
Zeichnungen: Robin Williams
Fotos: Siehe Bildnachweis S. 167
Redaktion der deutschen Ausgabe: Martina Reigl
Umschlaggestaltung: Karoline Droege

Der Mosaik Verlag ist ein Unternehmen
der Verlagsgruppe Bertelsmann

Satz: Fotosatz Stummer, München
Druck und Bindung: Alcione, Trento
Printed in Italy · ISBN 3-576-10493-3

Inhalt

Einleitung

Viele Menschen träumen davon, ihren eigenen Garten zu planen, doch als Laie traut man es sich nicht so ohne weiteres zu. Mit diesem Buch möchte ich den Schleier etwas lüften, der über dem Geheimnis des Gartenentwurfs liegt, und Sie dazu ermuntern, es doch selbst einmal zu versuchen.

Das erste Kapitel, *1 × 1 der Gartengestaltung*, fängt mit dem ersten Schritt an – denken Sie darüber nach, wie Ihr Garten aussehen soll. Die einzelnen Aspekte eines Gartenentwurfes werden näher erläutert; Sie erfahren, wie ein Garten seine Konturen erhält und wie verschiedene Elemente dazu beitragen, Atmosphäre, Stil, Ruhe und Bewegung zu erzeugen.

Dann bietet Ihnen *Gartenpläne* eine reiche Auswahl an verschiedenen Gartenentwürfen, was sowohl als Inspiration als auch als praktische Hilfe gedacht ist. Es werden Pläne in verschiedenen Größen und Formen vorgestellt, und sie werden im Detail beschrieben und erklärt. Es wird gezeigt, wie zweidimensionale Pläne zu dreidimensionalen Entwürfen werden; und es wird eine Reihe von Alternativen vorgestellt. Dieser Abschnitt bietet Ihnen verschiedene Möglichkeiten. Sie können sich den Entwurf eines bestimmten Gartens aussuchen, der der Form Ihres eigenen Gartens am meisten entspricht und Ideen übernehmen, die für Ihren Garten geeignet scheinen. Doch werden Sie sicher mehr davon haben, wenn Sie sich die verschiedenen Illustrationen ansehen; das ist fast wie ein Spaziergang durch wirkliche Gärten. Auf diese Weise finden Sie Inspirationen und Ideen, die sich auf verschiedene Situationen übertragen lassen. Wenn Ihnen eine Idee gefällt, lesen Sie sich die dazugehörige Beschreibung durch, so daß Ihnen der Zusammenhang mit der Gesamtkomposition klar wird, und übertragen Sie die Idee auf Ihren eigenen Garten. Dabei müssen Sie sie natürlich den Gegebenheiten anpassen. Anhand der Beispiele werden Ihnen die Zusammenhänge zwischen der ersten Skizze und der endgültigen Realisierung in einem Raum mit drei Dimensionen klar werden. Sie werden allmählich verstehen, wie ein Garten geplant wird, und diese Erkenntnisse können Sie dann bei Ihrem eigenen Garten anwenden.

Gärten richtig planen bringt die verschiedenen praktischen Überlegungen zusammen und zeigt Schritt für Schritt, wie Sie Ihren eigenen Plan erstellen. Sie beginnen mit dem Ausmessen Ihres Grundstücks und zeichnen eine exakte Skizze. Dabei erwägen Sie auch schon praktische Aspekte und überlegen, was Sie in Ihrem Garten haben möchten, so daß Sie eine Liste aufstellen können. Der Entwurf wird dann mit Pflanzen und architektonischen Elementen ausgefüllt, wie z. B. Mauern, Zäunen, Pfaden und Wegen. Der letzte Schritt, *der Pflanzenführer*, hilft Ihnen dabei, die Pflanzen auszuwählen, die am besten in Ihren Gartenentwurf passen, und erklärt, wie man sie richtig einsetzt. Das wird Ihnen durch detaillierte Pflanzenlisten erleichtert, die genau angeben, welche Pflanzen für welche Standorte geeignet sind und welche Farben man am besten miteinander kombiniert.

Als professioneller Gartengestalter kann ich mir nichts Schöneres vorstellen, als einen Garten zu entwerfen – noch schöner ist vielleicht nur die Freude, die man empfindet, wenn man zusehen kann, wie der »selbstgemachte« Garten sich entwickelt und wie aus einem Entwurf auf Papier ein lebendiges Bild wird. Ich hoffe, daß diese Freuden mit Hilfe dieses Buches jedermann zugänglich werden.

1x1 DER GARTEN-GESTALTUNG

Wenn Sie sich vornehmen, Ihren eigenen Garten zu entwerfen, gilt es, zwei Aspekte zu berücksichtigen. Zuerst müssen Sie sich darüber klar werden, was Sie in Ihrem Garten haben möchten und was Sie von ihm erwarten. Dafür müssen Sie eine Liste anfertigen und die gewünschten Bestandteile eintragen (wie z. B. Terrassen, Rasenflächen, Springbrunnen, Sandkasten, Rosen) und zugleich überlegen, für welchen Zweck Sie sie brauchen (zum Spielen für die Kinder, zum Erholen für die Erwachsenen).

Als zweites müssen Sie verstehen, wie solch ein Entwurf gemacht wird – wie aus dem Blatt Papier ein richtiger Garten entsteht. Die Position der verschiedenen Bestandteile – Bäume, Wege, Blickpunkte – bildet die Grundstruktur des Gartens: dadurch wird eine Atmosphäre der Ruhe oder der Bewegung erzeugt, und es entsteht ein Gesamtbild.

Der Garten muß in seine Umgebung passen, zum Haus und zu den schon vorhandenen Bestandteilen. Die Grundlage eines gelungenen Entwurfs bilden Einfachheit und Harmonie.

Ausgangspunkte

Jedem Gartenentwurf gehen zwei wesentliche Ausgangspunkte voraus: Zum einen ist es die Lage des Grundstückes, zum anderen Ihre Ideen und Ihre Vorstellung einer idealen Gestaltung. Ihr Gartenplan sollte eine gelungene Lösung dieser beiden Elemente darstellen. Betrachtet man das Grundstück und dessen Lage genauer, wird man die Antworten zu einigen Fragen bereits finden und erkennen können, was machbar ist und was nicht. An erster Stelle wird eine gewisse Vorstellung stehen, die eine Reihe von Fragen nach sich zieht, beispielsweise, welche Bedürfnisse der Garten erfüllen sollte, zu welchem Zweck er genützt werden soll oder welche Elemente unbedingt enthalten sein sollten.

Die Zweckdienlichkeit

Am einfachsten ist es, die Fantasie spielen zu lassen und all die Dinge, die einem wichtig erscheinen, wie ein Teich oder ein Gewächshaus, verträumte Ecken oder eine freie Spielfläche, zu notieren. Vielleicht ist ein Garten mit wenig Arbeitsaufwand das Ideal, oder eine sichere Spielecke für Kleinkinder mit erhöhten Blumenbeeten, die leicht zu pflegen sind.

Soll der Garten nur zur Entspannung dienen oder auch ein Ort für Gesellschaftsspiele sein? Möchten Sie in Ruhe die Landschaft genießen oder Ihre Fähigkeiten als Amateurgärtner mit dem grünen Daumen voll auskosten?

Jeder Gartenentwurf sollte stark geprägt von demjenigen sein, der den Garten hauptsächlich benutzt. Sicherlich sind die Bedürfnisse junger Familien mit Kindern nicht mit berufstätigen Ehepaaren, Rentnern oder behinderten Menschen zu vergleichen. Manchmal werden Gartenflächen von begeisterten Hobbygärtnern bearbeitet.

Andere wiederum sehen im Garten eine Erweiterung des Hauses, die sie mit den dort wachsenden Pflanzen teilen. Nicht jeder Garten wird täglich benutzt, manche erwachen erst abends zum Leben, und einige werden im Sommer vernachlässigt, wenn die Besitzer auf Reisen gehen.

Da die Mentalität der Menschen sehr unterschiedlich ist, ist es nicht verwunderlich, daß auch die Einstellung zum Garten stark differiert. Während manche eine gepflegte Wildnis als erstrebenswert betrachten, wird ein anderer nicht eher ruhen, bis alles in Reihe und Glied seinen Platz eingenommen hat. Nicht jeder wird Garten- und Rasenpflege als Vergnügen oder therapeutische Maßnahme betrachten können.

Auch Sie sollten diese Dinge überdenken und dann auf Ihren eigenen Garten übertragen. Es ist dabei nicht immer leicht, realistisch zu sein. Trotzdem sollten sich Arbeitsaufwand und Entspannung im richtigen Gleichgewicht befinden, damit Sie nicht Sklave Ihres Gartens werden. Dort, wo Ballspiele stattfinden, können hübsche, aber empfindliche Blumenbeete nicht überleben. Kaum eine Gartengestaltung wirkt idyllischer als ein

Links: Ein Gartenzimmer, still wie eine Oase, lädt mit all seiner grünen Pflanzenpracht zum Ausruhen ein. Alle weitere Objekte sind sehr zwanglos gruppiert, so daß das Becken und der Springbrunnen einen reizvollen Blickfang für den Betrachter bilden.

Rechts: Im Garten dieses Hobbygärtners ist alles darauf ausgerichtet, daß die Lieblingspflanzen besonders gut gedeihen. Dieser Entwurf zeigt eine verschwenderische Fülle hochsommerlicher Blütenpracht mit interessanten Farbkombinationen.

Wasserbiotop; nur, wenn kleine Kinder den Garten mitbenützen, kann die Idylle zur Gefahr werden. Wer kein Anhänger englischer Rasenflächen ist, die stets regelmäßige Pflege und Mähen erfordern, sollte lieber eine andere Form der Bodendekkung wählen.

Sobald Sie Ihre Vorlieben und Abneigungen mit aufgelistet haben, wird ersichtlich, inwieweit sie sich in Ihren Gartenentwurf einfügen lassen.

Haben Sie auch Ihre Lieblingspflanzen berücksichtigt? Wo soll die Sitzecke und der Grill entstehen? Vielleicht haben Sie schon heimlich an einen Springbrunnen gedacht, an eine Rosenlaube oder Vogelbad? Versuchen Sie, diesen Dingen in Ihrem Entwurf den richtigen Platz zuzuweisen.

Möglicherweise fügen sich einige Dinge nahtlos zusammen. Andere wiederum müssen, vor allem bei Platzmangel, neu überdacht werden, damit auch sie dann eine Einheit bilden können.

Auch in einem hauptsächlich blumenorientierten Garten lassen sich Kräuterbeete, Kletterbohnen oder -erbsen an Spalieren eingliedern. Eine entsprechende Beetbepflanzung wird die daran anschließende Rasenpflege erleichtern, und die richtige Ausstattung verringert die Gewächshauspflege. Nützliche Gegenstände wie Komposthaufen, Geräteschuppen oder Wäschespinnen lassen sich ebenfalls geschickt eingliedern, verkleiden oder durch Spaliere und lebende Wände wegzaubern. Das Zusammenfügen von Ideen und praktischen Gegenständen ist wesentlicher Bestandteil eines gelungenen Entwurfs.

Auf die Zukunft ausgerichtet

Ein guter Entwurf wird immer vorausschauend sein. Die jetzt geplante Sandkiste, der Spielplatz, die Rasenmulde können zum gewünschten Wasserbiotop umfunktioniert werden, sobald die Kinder groß genug sind. Vielleicht fehlt Ihnen momentan die Zeit, sich liebevoll um die Bepflanzung an der sonnigen Hauswand zu kümmern. Planen Sie sie dennoch jetzt und begnügen sich für den Moment mit pflegeleichten Bodendeckern oder Rasen. Lassen Sie in der ausgewählten Ecke Sträucher wuchern, bis Sie das Geld und die Zeit für Ihr Sommerhäuschen haben.

Lassen Sie sich niemals hetzen. Es ist immer gut, Ihre Gedanken und Ideen in Ruhe zu sammeln und abzuwägen. Lassen Sie die Zeit für sich arbeiten, besonders dann, wenn Sie einen bereits existierenden Garten übernehmen. Mag Ihnen der Entwurf am Anfang auch unsympathisch sein, so können Sie dennoch später

Eine gepflasterte Ecke ist zugleich Sitzgelegenheit und Eßplatz. Für Kinder wird sie zum zusätzlichen Spielplatz, wenn der Rasen naß ist. Kübel- und Kletterpflanzen lassen die harte Oberfläche von Belag und Hausmauer weicher erscheinen.

verborgene Schätze finden. Vielleicht liegen unter der Erde gärtnerische Kostbarkeiten versteckt, die nur auf die entsprechende Jahreszeit warten, um sich zu zeigen. Oft sind es auch die unscheinbaren Pflanzen, die plötzlich eine Blütenfülle oder bunte Herbstfarben hervorzaubern. Abwarten gilt als oberstes Gebot, und in vielen Fällen werden Sie feststellen, daß es sich unbedingt gelohnt hat, etwas Geduld aufzubringen.

Eine gepflegte Wildnis am Ende des Gartens ist Heimat für allerlei Getier; auch der Teich trägt seinen Teil bei. Der Streifen mit hohem Gras bildet eine Brücke vom kurzgeschnittenen Rasen zu den hohen Räumen im Hintergrund. Auch wenn ein solcher Garten wenig Pflege braucht, muß die Hand des Gärtners regelmäßig eingreifen, damit die Natur nicht alles überwuchert.

Das allmähliche Kennenlernen wird die Vor- und Nachteile eines Grundstückes offenbaren, auch wenn es noch gänzlich unbebaut ist. Mit einem Garten ist es ähnlich wie mit einem Haus – erst wenn man eine Weile darin gewohnt hat, kann man seine Stärken und Schwächen beurteilen. Ebenso verhält es sich bei einem Grundstück. Veränderte Witterungsbedingungen machen möglicherweise auf Wind oder Lärm aufmerksam, und zeigen an, wo besonderer Schutz nötig ist. Der Wechsel der Jahreszeiten und der sich damit verändernde Sonnenstand, lassen uns erkennen, welcher Teil des Gartens sich am besten für die Sitzecke eignet. Auch unsere Pflanzenwahl wird dadurch beeinflußt. Laubabwerfende Bäume, die als Sichtschutz gedacht sind, müssen im Herbst und Winter vielleicht durch einen Zaun ergänzt oder durch eine immergrüne Hecke ersetzt werden, weil sie sich als unzureichend erweisen. Andererseits wird das zusätzliche Licht die dunklen Wintermonate aufhellen, so daß Sie sich dann doch dazu entschließen, deshalb lieber auf den Sichtschutz zu verzichten und sich an die kahlen Äste gewöhnen.

DIE GRUNDELEMENTE

Ein Gartenarchitekt ist ein Künstler, der einzelne Elemente zu einem harmonischen Ganzen verbinden muß. Das Ziel eines guten Gartenentwurfes soll eine gelungene Komposition sein, die die Sinne, vor allem das Auge anspricht. Der Entwurf muß funktional sein, soll aber auch die Wünsche des Benutzers berücksichtigen.

Gerade in der Kunst der Gartengestaltung stoßen wir auf Hindernisse und Komplikationen. Auf das Papier gebrachte Ideen müssen dem Gelände angepaßt, gewissermaßen maßgeschneidert werden. Das Umfeld, wie Architektur und Natur, beeinflussen die Gartengestaltung ebenfalls. In historischen Gärten kann man sehen, wie eng diese Beziehung einst war: Zwischen Mauern und Stufen, die den Mustern der Häuser glichen, wuchsen Pflanzen. Auf moderne Entwürfe übertragen, beziehen geöffnete Terrassentüren den Garten als weiteren Raum in den Wohnbereich mit ein. Nur selten wird ein Garten entfernt vom Haus angelegt sein, und manche sind so in sich abgeschlossen, daß sie fremden Blicken keine Einsicht geben. Trotzdem wird ein Garten in gewisser Weise immer ein Teil der umgebenden Landschaft sein. Einige Komponenten lassen sich unter Umständen verbessern, wie die Qualität der Erde, Bewässerung, Windschutz und anderes mehr. Mit klimatischen Verhältnissen (z.B. mit einer sehr regenreichen Gegend, mit milden oder harten Wintern) und Sonnenstand (d.h. ob der Garten Morgen- oder Nachmittagssonne hat) muß man sich dagegen abfinden.

Ein weiterer Aspekt, der bei der Gartengestaltung zu berücksichtigen ist, ist das Zusammenspiel verschiedener Elemente. Die Hauptelemente bilden natürlich Architektur und Bepflanzung, doch haben Holzplatten oder hübsch verlegte Fliesen und in den Garten integrierte Skulpturen eine unterstützende Funktion – erst die Gesamtheit der verschiedenen Bestandteile läßt den Garten in seiner besten Form hervortreten. Teiche und Brunnen, mit ihrer oft komplizierten Technik bedürfen des Fachmanns. Und nur sorgfältige Überlegung wird Ballspieler und Radfahrer von preisgekrönten Pflanzen fernhalten.

Letztlich müssen der persönliche Geschmack, die Ideen und die praktischen Bedürfnisse des Benutzers in dem Entwurf vereint werden.

Um ein harmonisches Ganzes aus unseren Notizen zu erhalten, werden wir auf Fachleute zurückgreifen, ohne deren Hilfe, künstlerisches und handwerkliches Geschick, eine gelungene Gartengestaltung nur schwer möglich ist. Hier gibt es eine Reihe ästhetischer Prinzipien zu befolgen, auf die wir am Ende des Kapitels noch einmal zu sprechen kommen werden. Die Wahl der Pflanzen, die dem Garten sein Gesicht verleihen, spielt eine außerordentliche Rolle, wenn sie gesund sein und ihre Wirkung nicht verfehlen sollen. Zusammen mit den anderen Grundelementen runden sie das Gesamtbild ab.

Man möchte meinen, man müßte selbst Fachmann sein, um einen wirklich schönen, beeindruckenden Garten zu gestalten. Tatsächlich genügt es jedoch, Verständnis für die Elemente der Gartengestaltung aufzubringen, um zu sehen, wie sie in der Praxis funktionieren. Und außerdem können Sie sich die Erfahrung von Fachleuten zunutze machen; dieses Buch ist ja dazu da, um Ihnen dabei zu helfen.

Anhand der bereits gemachten Liste und des vorhandenen Grundstücksplans können Sie beginnen, Ihre Wünsche und Ideen einzutragen. Beachten Sie dabei die Größe und Form Ihrer Parzelle, und wählen Sie Materialien und Pflanzen so aus, daß sie wirkungsvolle optische Effekte erzielen. Während Sie Ihre Ideen zu Papier bringen, sollten Sie sich immer vor Augen halten, daß eine überladene Komposition den Reiz und die Ausstrahlung eines Gartens schmälern kann. Vergessen Sie nicht, daß Sie auf dem Papier nur zwei Dimensionen vor sich haben, in der Realität jedoch mit drei Dimensionen umgehen müssen.

Eine gute Gartenplanung kombiniert geschickt künstliche Konstruktionen mit Pflanzenformen. In diesem gelungenen Entwurf halten sich die geometrischen Elemente wie Teich, Pergola und Steinornamente die Waage mit Pflanzen, die sorgfältig ausgewählt wurden, um ein Bild zu vermitteln.

Dreidimensionale Planung

Form und Raum sind die Elemente, die den Garten bestimmen. Versetzen Sie sich in die Lage eines Malers und stellen Sie sich Ihren Garten als eine leere Leinwand vor (d.h. im Falle eines schon bestehenden Gartens ist die Leinwand natürlich nicht ganz leer), auf der das Stück Land, das Ihnen zur Verfügung steht, zum Leben erweckt wird. Pflanzen und einzelne Bestandteile des Gartens, wie Mauern, Springbrunnen und dergleichen, sind Ihre Farben.

Diese Ideen, die Sie in Ihren Plan eingezeichnet haben, müssen nun auf den dreidimensionalen Gartenraum übertragen werden. Lassen Sie die Bäume Form annehmen, folgen Sie dem Schatten, den sie werfen, um dann das Plätzchen zum Sonnenbaden auszuwählen. Denken Sie praktisch, wenn Sie Gartenwege anlegen, damit diese auch für einen Schubkarren breit genug sind, und damit ein abendlicher Spaziergang durch den Garten in Gesellschaft erholsam wird. Am besten läßt sich diese praktische Planung durchführen, indem Sie die Fläche abschreiten und sich dabei vorstellen, wie Sie sie nutzen wollen.

Auf dem Papier mögen geometrische Formen imposant aussehen; vergewissern Sie sich jedoch, ob sie in der richtigen Relation zur Größe des Gartens stehen. Häufig sind die Formen von Blumenbeeten oder Rabatten sehr wirkungsvoll, wenn man sie isoliert betrachtet, doch lassen sie sich nicht immer gut in eine Gesamtkomposition eingliedern. Dann wirken sie unproportioniert, beunruhigen das Auge und verursachen ein Ungleichgewicht. Vom Sichtwinkel des Betrachters verkürzen Form und Raum die Perspektive. Was auf dem Papier als Kreis gedacht ist, zeigt sich, auf den Boden übertragen, als elliptisch, und Rechtecke verwandeln sich plötzlich in Quadrate. Unterbrochene Rasenflächen wirken dann wie sinnlose Zickzacklinien und zergliedern eine Komposition. Halten Sie die Kante Ihrer Zeichnung in Augenhöhe und schauen Sie herab, um festzustellen, ob die optische Wirkung auch tatsächlich Ihren Vorstellungen entspricht. Manchmal empfiehlt es sich, die Konturen etwas abzuändern, und in einigen Fällen stellt man sogar fest, daß man ganz anders an den Entwurf herangehen sollte.

Tatsächlich wirkt ein Garten sehr unterschiedlich, denn es hängt immer von der jeweiligen Position ab, aus der man ihn

Links: Ein Plan, der dreidimensional lesbar ist, kann sehr nützlich sein. Hier wird ein einfacher Entwurf durch eine Skizze unterstrichen, in der vertikale Elemente und eine bogenförmige Grundplanzeichnung das Auge des Betrachters fesseln. Das hinter dem Baum halbversteckte Sommerhaus weckt zusätzliches Interesse.

Rechts: Sich abrupt ändernde unterschiedliche Höhen geben einem Garten interessante Blickwinkel. Von oben betrachtet, scheint es, als verschwänden die Terrassen den Hang hinunter. Der Blickpunkt von der untersten Ebene läßt hingegen die Stützmauern wesentlich mächtiger als die horizontalen Oberflächen erscheinen.

Gute Entwürfe wirken von verschiedenen Ebenen. Ein reichlich mit Lychnis coronaris *(Vexiernelken) bepflanzter Kübel im Sonnenlicht, von einer schmeichelnden Bepflanzung eingerahmt, wirkt aus der Entfernung als attraktiver, niedriger Blickpunkt. Kommt man auf dem halbversteckten Pfad mit den üppig wuchernden* Alchemilla mollis *(Frauenmantel) näher, entdeckt man, daß der Pflanzbehälter der Mittelpunkt eines rundverlegten Ziegelmusters ist, welches sich in den naheliegenden Mauern und der gebogenen Bank wiederfindet. Das Kreismotiv kommt von einer höheren Ebene aus besonders zur Geltung. Aber auch von anderen Teilen des Gartens bleibt das Bild abgerundet.*

betrachtet. Der Blick von oben läßt das Auge über das Gesamte schweifen, während von der Terrasse aus Akzente auf ganz bestimmte Punkte gesetzt werden. Noch extremer zeigt sich dies bei Hanggrundstücken, wo der Reiz verschiedener Höhen besonders betont wird. Je nachdem, wo der Betrachter steht, sieht er entweder eine Reihe abfallender Ebenen oder mehrere Böschungen bzw. Stützmauern, die übereinander angeordnet sind.

Bei einem Rundgang durch den Garten können Sie sich überlegen, welche besonderen Blickpunkte Sie setzen möchten. Berücksichtigen Sie dabei auf Ihrem Plan, welche Ecken von welchem Standpunkt aus gesehen werden können und was versteckt bleibt. Auch im kleinsten Garten lassen sich Nischen und verträumte Ecken einplanen, etwa ein Laubengang, der den Besucher neugierig weiterführt, um dann den Blick auf etwas Besonderes, beispielsweise ein Wasserspiel, freizugeben. Hier muß noch einmal betont werden, wie wichtig lebende Wände und Abschirmungen für einen Garten sind. Durch sie können verschiedene Räume mit unterschiedlichem Charakter gestaltet werden, die dem Garten einen besonderen Charme verleihen.

Ein erster Plan

Formale oder informale Strukturen, möglicherweise auch eine geschickte Mischung aus beiden, verbinden die verschiedenen Elemente des Gartens. Ein symmetrisch angelegter Garten z. B. kommt nur auf ebenem Boden zur Geltung, und die gewählte Bepflanzung bedarf regelmäßiger Pflege. Eine strenge Gestaltung kann allein durch das Muster bestechen, während im eher natürlichen Garten das Gerüst von Pflanzen so stark überwuchert wird, daß es wirkt, als sei er naturbelassen.

Unabhängig davon, ob man strenge oder lockere Linien wählt, bestimmen die unterschiedlichen Formen die Stimmung des Gartens. Am ausgewogensten erweisen sich immer wieder Kreise, Hexagone und Vierecke. Solche Formen bieten sich an zum Verweilen, Ausruhen und Nachdenken, und bilden mit Sitzgelegenheiten und einer interessanten Bepflanzung, wie z. B. bunten Blumenbeeten und kletternden Laubpflanzen, eine harmonische Einheit. Auf der anderen Seite sind es die langen, schmalen Grundstücke, die Bewegung signalisieren, einen Pfad als Laubengang möglich machen, um an dessen Ende ein verwunschenes Ziel zu erreichen. Zwischen diesen beiden Extremen finden sich die großzügig angelegten Rechtecke und ovale Flächen, die beruhigend auf den Betrachter wirken.

Im nächsten Kapitel finden wir Beispiele dieser Formen in verschiedenen Gärten. Sie zeigen Einzelheiten solcher Gestaltung auf, besonders in den Mustern verschiedener Bodenbeläge. Auf diese Weise können Grundformen betont werden, und richtungsweisende Linien zeigen Bewegung an. Formen jedoch sollten immer zweckgebunden sein, und ein halbrunder Weg soll um ein Objekt oder ein anderes vertikales Element führen.

Unabhängig davon, ob der Entwurf streng oder freigestaltet ist, ausschlaggebend für die vorherrschende Atmosphäre eines Gartens sind die verwendeten Materialien und die Bepflanzung, da sie das gesamte Bild bestimmen. Ein Pfad vermittelt das Gefühl von Bewegung und lenkt wie von selbst die Schritte des Spaziergängers. Ein in Ziegel verlegtes Fischgrätmuster wird den Besucher rasch von A nach B begleiten und wirkt dekorativ und gediegen (links). Im Sand verlegte Ziegel und Steine mit ihren horizontalen Linien laden hingegen eher zum Verweilen ein (Mitte), während ein gemähter Pfad, der sich durch hohes Gras schlängelt, an einen naturnahen Garten denken läßt (rechts).

Ein flaches, regelmäßig rechteckiges Grundstück eignet sich besonders gut für einen strengen Grundplan – es steigt allmählich über einige Plattformen an. Die Stufen sind integriert und steigern die Spannung. Die große, mit Ziegeln verlegte Fläche fordert den Betrachter auf, den Garten näher zu betrachten; zu beiden Seiten des Kreuzungsmittelpunktes, nahe der Sitzgelegenheiten, verändert sich das lineare Muster zu Halbkreisen und zeigt den Platz zum Ausruhen an. Die kühle Symmetrie des zu Papier gebrachten Entwurfs wird durch die Bepflanzung aufgelockert – Bäume, hohe Hecken, ein Bogen und ein Sommerhaus – dies alles sind vertikale Elemente, die das Rechteck des Grundstücks in intime Einheiten verwandeln. Durch den Wechsel von Licht und Schatten verändern sich die Strukturen im Laufe eines Tages.

Bewegung im Garten

Unterschiedliche Geländeformen erzeugen nicht nur verschiedene Stimmungen, sondern ermöglichen auch den Übergang von einer Komposition in die andere. Auch im kleinsten Garten lassen sich durch vertikale Elemente solche Effekte erzielen. Sofern der Platz es erlaubt, lassen sich verschiedene Flächen am wirkungsvollsten durch Pflanzen, Mauern oder Zäune, über die nicht hinweg gesehen werden kann, gestalten. Abschirmungen in Augenhöhe wären optimal, jedoch muß dabei die Grundstücksgröße berücksichtigt werden, da Höhen kleinere Gärten natürlich besonders betonen. Wird eine bestimmte Ecke des Gartens hauptsächlich zum Sitzen verwendet, sollte die Bepflanzung in Augenhöhe gehalten werden.

Je länger ein Garten sich erstreckt, desto bewegter und unruhiger wirkt er. Rechteckige oder eliptische Flächen können durch ihre bewegungsgebende Form zu ihrem Vorteil gestaltet werden. Abhängig von den Proportionen, kann jede Art der Fortbewegung angedeutet werden, vom gemütlichen Schlendern bis hin zum schnellen, eiligen Gehen. Auf jeden Fall lohnt es sich, sich mit diesen Prinzipien auseinanderzusetzen und ihre Gesetzmäßigkeit zu erforschen, so daß Sie sie je nach Wunsch in Ihrem Garten einsetzen können. Als Beispiel soll hier eine bepflanzte Rabatte dienen. Hier sollte man verweilen, die verschiedenen Farben und Beschaffenheit der Pflanzen in sich aufnehmen und ihre Beziehung zueinander betrachten können. An solchen Rabatten sollte man nicht vorbeieilen, und deshalb sollte sie so angelegt sein, daß man sich unweigerlich bei ihr aufhält. Eine breit rechteckige oder eliptisch geformte Fläche vermittelt solch eine Atmosphäre der Ruhe, Blumenbeete in Begleitung breiter Wege oder Rasen runden das Bild ab.

Mehr Bewegung entsteht durch unproportionierte Flächen, die schließlich in einem schmalen Pfad enden. Je höher die Umgebung, desto schmaler und länger wird der Garten erscheinen. Aber sogar diese Flächen haben ihren Nutzen, da sie das Bindeglied zu den offenen Stellen sind. Legt man sie geschickt an, so daß sie etwa in einer Kurve auslaufen, erreicht man einen besonders starken Überraschungseffekt. Historische Gärten weisen diese Elemente oft auf. In großen Gärten kann man einen geradezu theatralischen Effekt erzeugen, wenn man sie in einer Sackgasse enden läßt, die durch eine Vase oder eine Statue noch betont wird.

Rechts: Die rautenförmigen Pflastersteine in dem frisch gemähten Rasen geben diesem Garten eine eindeutige, dominierende Richtung. Die hohe, dichte Bepflanzung auf der linken Seite unterstützt das Gefühl von Dynamik, während die niedrigeren Pflanzen auf der rechten Seite den Ausblick auf weitere Gartenräume versprechen. Hohe Bepflanzung auf beiden Seiten würde erdrückend wirken, so daß man den Pfad schnellstmöglich wieder verlassen würde, ohne die schönen Pflanzen zu bewundern.

Links: Diese beiden Wege sind von exakt gleicher Länge und Breite, doch durch die verschieden gestaltete Bepflanzung an den Seiten wird eine ganz unterschiedliche Stimmung und auch ein anderes Gefühl von Bewegung erzeugt. Im rechten Bild stehen die Pflanzen sehr nah am Weg, so daß man unmittelbar schneller geht. Je höher die angrenzende Bepflanzung ist, desto schmaler erscheint der Weg und desto schneller wird man gehen. Deshalb erscheint der Weg im linken Bild eher zu einem gemütlichen Schlendern einzuladen, denn die Bepflanzung ist etwas zurückgesetzt, so daß auf beiden Seiten genügend freie Fläche bleibt.

Gartenkompositionen

Nur wenige Gärten gestatten einem die volle Freiheit der Wahl von Materialien und Bepflanzung. In besonders geschützten oder abgelegenen Gärten kann man seiner Fantasie freien Lauf lassen, ohne mit anderen Stilen in Widerspruch zu geraten, sei es durch hochgelegte Beetinseln oder ausgefallene Pflanzgefäße.

Meistens jedoch wird der Garten durch die unmittelbare Umgebung vorbestimmt und eingeschränkt. Sogar die Farben von Wänden und Zäunen beeinflussen die Wahl der Bepflanzung; auch eine bereits vorhandene Blumenfarbe wirkt sich tonangebend auf unsere weitere Wahl aus. Es lohnt sich immer, mit den Farben zu spielen, um ausgefallene Noten zu setzen. Starke Farben wie Rot und Gelb vermitteln etwa das Gefühl von Nähe, während kühle Grautöne weiter weg zu sein scheinen, als sie tatsächlich sind.

Ebenso wichtig ist es, sich die harten Elemente wie Bodenbeläge oder Zäune vorstellen zu können. Materialien sollten sorgfältig ausgewählt und nicht gedankenlos miteinander vermischt werden. Sogar Ziegel, neu und alt in unterschiedlichen Farben zusammengewürfelt, stören die Konzeption. Durch die Vielzahl der Elemente, die auch im kleinsten Garten vorhanden sind, sollte man die Verwendung verschiedener Stile und Farben sorgfältig prüfen.

Was anfangs vielleicht als Einschränkung empfunden wird, kann zu einem späteren Punkt der Grundstein zu einem harmonischen Ganzen werden. Es ist eine gewisse Herausforderung, innerhalb vorgegebener Grenzen seine Fähigkeiten und Ideen in eine geschickte Planung und Pflanzung umzusetzen, um die auftretenden Probleme zu bewältigen. Mit Hilfe von Kletterpflanzen können unansehnliche Mauern kaschiert werden, und an den richtigen Stellen gesetzte Bäume, Sträucher und Abschirmungen schützen und verschönern die Sicht innerhalb und außerhalb unserer Grenzen. Gut gewählte Elemente, künstlerisch erstellt, werden den wahren Zweck der Verkleidung nicht erkennen lassen.

Betrachten Sie das bereits Vorhandene – wie das Haus und die Einzäunung – sowie andere bestehende Elemente, die Sie nicht verändern möchten, und wägen Sie dann ab, was noch hinzuzufügen wäre.

Eine Art falscher Perspektive erreicht man, indem man einzelne Elemente von einem bestimmten Blickpunkt aus zurückweichen läßt. Je nachdem, wie vertikale Elemente und ihre relativen Höhen plaziert werden, können sie einen Garten optisch kürzer oder länger erscheinen lassen. Diese beiden Gartenpläne sind insgesamt gleich groß, aber der Garten rechts wurde so konzipiert, daß er geräumiger erscheint. Am hinteren Ende wird der Pfad schmäler, die Bäume sind kleiner gestutzt, und die Pergola verliert an Höhe. Die falsche Perspektive vermittelt die Illusion von Weite.

In diesem Garten wurden die visuellen Effekte so geschickt verzerrt, daß dem Betrachter die Manipulation nicht bewußt wird. Der Blick über den Rasen ist durch die Pflanzen weich und verwischt und verdeckt das geometrische Element. Trotzdem wird das Auge zu einem Blickpunkt gezogen – eine auf einem Podest stehende Vase ist deutlich im Schatten dichten Laubes zu erkennen. Durch sie und die angrenzenden Pflanzen wird die Aufmerksamkeit so sehr gefesselt, daß die Gebäude außerhalb der Grundstücksgrenzen an Bedeutung verlieren.

Optische Wirkung verschiedener Gartenelemente

Das Umfeld prägt den Garten, und je nachdem, wie diese Elemente beschaffen sind, wird eine bestimmte Atmosphäre entstehen. Die verschiedenen Oberflächen, egal ob hart oder weich, ziehen ebenso wie immergrüne Bäume und Sträucher oder ein buntes Blumenbeet die Aufmerksamkeit auf sich. Andere vertikale Elemente können unauffälliger geformt oder beschaffen sein und benötigen, wie etwa laubabwerfendes Gehölz, vielleicht sogar eine Verbindung zu festen, vertikalen Elementen mit Schattenlinien, die richtungsweisend – entweder horizontal oder vertikal – den Garten beeinflussen. Vertikale Schattenlinien oft benutzter Holzzäune betonen deren Höhe, während die Verfugung von Ziegelmauern das Auge längs führt. Sauber geschnittene Hecken bilden eine zusammenhängende Oberfläche, und dichtstehende Koniferen zeigen den Rhythmus des Vertikalen an.

Auch die horizontalen Elemente, besonders die flachen Oberflächen wie Rasen, Bodenbeläge und Wege, sind alle in ihrer Beschaffenheit mehr oder weniger glatt oder gemustert, und betonen zumindest den Teil des Gartens, in dem sie verwendet wurden. Regelmäßige Oberflächen geben das Gefühl der Strenge, während die unregelmäßigen, überwucherten eine lokkere Atmosphäre verbreiten.

Gras, Kies, Pflaster, Ziegel oder Beton, um nur einige Möglichkeiten zu nennen, sind so unterschiedlich in ihrer Anwendung, daß man mit ihnen verschiedenste Stimmungen im Garten erzeugen kann. Geometrische und linearische Muster, die meist in Bodenbelägen anzutreffen sind, tragen zu einem formalen Aussehen bei und betonen Form und Richtung.

Das oberste Ziel einer jeden Komposition ist es, das Interesse des Betrachters anzuziehen. Reizvolle Effekte werden durch kontrastierende und harmonisierende vertikale und horizontale Elemente mit neutralen Oberflächen erreicht. Werden Bäume

Unten: Bis zu einem gewissen Grad können Kontraste interessante Spannungen erzeugen. Sie müssen jedoch ruhig dosiert sein, damit sie nicht in einem ruhelosen und unbefriedigenden Entwurf enden. Die mächtigen, hohen Formen säulenartiger, immergrüner Bäume betonen die Vertikale sehr stark und sollten deshalb vorsichtig eingesetzt werden. Die vertikalen Schattenlinien des Zaunes (unten links) vermitteln zusammen mit den immergrünen Pflanzen einen harmonischen Ausgleich zu den dominierenden, horizontalen Linien des Mauermusters (unten rechts).

Rechts: Außerhalb der Abgeschiedenheit der Pergola, am hinteren Ende einer freien, von wenigen streng wachsenden Pflanzen eingerahmten Fläche, lädt eine Urne zur Betrachtung ein. Die Pergola besteht aus Stangen anstelle von gesägten Latten. Dadurch wirkt der Entwurf weniger symmetrisch, und das Ganze bekommt einen rustikalen Charakter, der zur Waldatmosphäre paßt. Fast scheint es, als würden die Stangen ebenso leben wie Wisteria *und wilder Wein, die sie umranken. Das dichte Laub des Buchsbaums am Fuße der Pergola schließt die gesamte Anlage ab.*

Je sorgfältiger eine Rabattenbepflanzung ausgewählt ist, desto mehr Freude wird sie auf lange Sicht bringen. Die Vielfalt des Laubes läßt die Blütenpracht während der Sommerzeit fast als Intermezzo erscheinen. Kontrastierende Blattformen, -farben und -oberflächen sollten so arrangiert werden, daß die von Menschenhand geschaffenen harten Linien des Hintergrundes ausgeglichen werden. Hier zeigt sich, wie harmonisch Formen und Oberflächen in Einklang gebracht werden können. Ähnliche Pflanzenkompositionen können je nach Lage zusammengestellt werden.

und Sträucher wegen ihres Laubes eingesetzt, sollte man berücksichtigen, daß sie auch in der kalten Jahreszeit, in der blühende Pflanzen eine Ruheperiode durchmachen, angenehm auf das Auge wirken.

Einige Arten eignen sich besonders als Solitärpflanzen und können dadurch die Gartenstruktur betonen. Aber auch durch regelmäßigen Schnitt können Laubgewächse und sogar manche Rosen, in bestimmte Formen, die das Auge anziehen, gebracht werden. Yuccas haben schon von Natur aus ausgesprochen architektonische Konturen. Je nachdem, welche Wuchsgewohnheiten eine Pflanze hat, kann sie als Mittelpunkt einer Gartenkomposition eingesetzt werden. Die Iris beispielsweise bildet vertikale Schattenlinien. Andere Pflanzen wirken hingegen weicher und rundlicher und bilden so das Bindeglied zu den harten, regelmäßigen, von Menschenhand geschaffenen Linien.

Immergrüne Koniferen mit ihren stark betonten vertikalen Schattenlinien müssen sehr sorgfältig in einen Gartenentwurf eingebracht werden. Niemals sollte der Übergang zu niederwachsenden Pflanzen abrupt erfolgen. Koniferen als Solitärpflanzen üben einen besonderen Reiz aus, als Gruppe in einem kleinen Garten wirken sie jedoch erdrückend und bedrohlich. Unweigerlich wird der Betrachter eine Verbindung zur Grundstücksgrenze herstellen, und das Gefühl von Enge verspüren.

Natürlich können solche Vertikalen, etwa um Entfernungen zu betonen, sorgfältig in den Gartenentwurf eingearbeitet werden. Dadurch werden optische Akzente der Verlängerung oder Verkürzung gesetzt. Auch ein gewisser Grad verfälschter Perspektiven kann – richtig eingesetzt – durchaus seinen Reiz haben. Solche Spielereien müssen jedoch sehr genau ausgeführt werden, um das gewünschte Ziel nicht zu verfehlen. Außerdem sollte man bedenken, daß sie immer nur aus einer Blickrichtung wirksam sein werden.

Vertikale Elemente werden hauptsächlich zur Abschirmung verwendet, entweder um den Garten in verschiedene Zonen abzugrenzen, oder um als Sichtblende den Garten von der Außenwelt zu schützen. Mit Abschirmung muß nicht immer eine hohe Mauer gemeint sein. Die bessere Taktik ist sicherlich, interessante Pflanzen zu verwenden, beispielsweise lockere, laubabwerfende Bäume, die die Sicht nicht ganz versperren. Oft ist es gerade eine dichte Koniferenhecke, die alle Aufmerksamkeit auf sich zieht, da sie dazu einlädt, zu erraten, was sich dahinter verbirgt.

Blickpunkte

Es ist äußerst wichtig, Blickpunkte einzuplanen, damit das Interesse am Garten bestehen bleibt. In einem kleinen Garten kann es eine Kübelpflanze sein, die durch Schönheit und Farbe besonders besticht. Aber auch Statuen oder Gefäße an einer Grenze des Gartens können die Neugier wecken. Als Regel sollte hier gelten, daß das Auge nur von einem Objekt angezogen werden kann, um es näher zu betrachten. Würde man mehrere fesselnde Akzente dicht zusammenstellen, entstünde nur Unruhe. Setzt man sie aber weiter auseinander, wird man vom einen zum anderen mitgezogen. So kann der Betrachter absichtlich geführt werden, und diese Bewegung verleiht das Gefühl eines interessanten Gartens.

Wie unser Objekt ankommt, hängt von dem gewählten Standort und der Art der Präsentation ab. Ein auf einem Sockel oder in einem Rahmen aufgestelltes Stück wird die Aufmerksamkeit immer unmittelbar auf sich lenken. Der Hintergrund muß neutral sein, wie etwa eine Wiese um einen besonderen Baum, damit nicht verschiedene Blickpunkte miteinander in Konflickt geraten, sondern ein Element im Mittelpunkt steht. Die Umgebung sollte einen harmonischen Rahmen bilden, zum Beispiel könnte ein Blickpunkt das Ende eines Pfades signalisieren. Ein Objekt gewinnt an Bedeutung, wenn es, wie eine Statue in einer Nische, eingerahmt ist.

Der Stil des Gartens und der individuelle Geschmack bestimmen die Wahl des Blickpunktes. Schmuckgegenstände und Statuen erfreuen sich großer Beliebtheit, wobei die Bandbreite von Vasen und Töpfen zu Sonnenuhren und Vogelbädern und vielem mehr reicht. Diese Gegenstände sind in den verschiedensten Materialien und Farben zu erhalten, je nach persönlichem Geschmack. Sie sind aus Beton, Fiberglas, Glas, Marmor, Holz, Stein, Bronze, Terracotta oder Keramik. Doch sollte nicht nur der Geschmack bei der Auswahl entscheidend sein, sondern die getroffene Wahl sollte jeweils zum gesamten Stil des Gartens passen. So würde die Statue einer griechischen Nymphe in einem modernen, streng geometrisch angelegten Garten fehl am Platz wirken, und das gleiche gilt für einen modernen, zylindrischen Pflanzbehälter in einem ganz traditionellen, eher gemütlichen Garten.

Weitere Blickpunkte sind Sommerhäuschen, Lauben und Gewächshäuser. Eine Sitzgelegenheit auf dem Weg dorthin bildet eine weitere Attraktion und lädt den Besucher zum Verweilen ein. So läßt sich das Nützliche mit dem Angenehmen verbinden, und der Blickfang ist nicht nur in ästhetischer Hinsicht reizvoll.

Das Besondere im Garten muß nicht immer errichtet werden. Kübel- oder Solitärpflanzen, besonders Bäume mit hängenden Zweigen, bunter Rinde oder ungewöhnlichen Blättern und Blüten, bewirken von alleine außergewöhnliche Reize.

Oft aber ist es die Umwelt, die außerhalb unseres Gartens liegt, etwa ein Kirchturm, eine liebliche Hügellandschaft oder ein entfernter See, die unsere Aufmerksamkeit weckt. Eine solche Landschaft kann, eingerahmt von Bäumen und Sträuchern, wie ein Gemälde wirken. Versuchen Sie auf jeden Fall, die Umgebung harmonisch in das Gesamtbild des Gartens miteinzubeziehen, indem Sie eine schöne Aussicht betonen, eine weniger schöne dagegen durch einen Sichtschutz oder Bäume verdecken.

Eine Reihe verschiedener Blickpunkte führt durch den gesamten Garten. Von der Terrasse aus ist nur die direkt gegenüber stehende Trauerweide sichtbar. Geht man ihr entgegen, findet man versteckt unter Sträuchern einen Sitzplatz, der den Blick über den Rasen auf ein Ornament freigibt. An der Weide angekommen, entdeckt man einen weiteren Blickpunkt, der von überwuchernden Bögen umrahmt ist. An anderen Objekten vorbei führt von hier ein gewundener Pfad zurück zur Terrasse.

Das Umfeld eines besonderen Blickpunktes sollte schlicht gehalten sein, damit sich das Interesse auf diesen Punkt konzentrieren kann.
Ganz oben links: Eine Kirchturmspitze, als Blickpunkt dieses Gartens, wird auf beiden Seiten von Pflanzen eingerahmt, während der Vordergrund ruhiger gehalten ist.
Mitte links: Der Eingang, zu dem der Weg führt, bildet den Mittelpunkt. Verführerisch lockt das offene Tor, über die Grenzen hinauszublicken.
Unten links: Der Sitzplatz zieht das Auge an und lockt zum Verweilen. Entspannend ist der Blick auf den Pfad, den man gerade genommen hat.
Oben rechts: Die geschnittene Hecke im Hintergrund und der gerade Weg geben den Blick auf eine streng symmetrische Skulptur frei.
Mitte rechts: Gebäude wie Sommerhäuschen oder Aussichtstürme sind ideale Blickpunkte, und aufgrund des belebenden Kontrastes für weniger formstrenge Entwürfe besonders geeignet.

DIE GESTALTUNGSPRINZIPIEN

Ein gelungener Gartenentwurf basiert auf sechs Gestaltungsmerkmalen, die wir zum Teil bereits besprochen haben, und die alle miteinander verbunden sind.

Auf die eine oder andere Weise finden sich diese Prinzipien in den meisten gelungenen Gartenentwürfen wieder, egal ob es sich um die großer Landsitze oder um kleine grüne Oasen in der Stadt handelt. So sind auch die nahezu perfekten Entwürfe des nächsten Kapitels auf der Grundlage dieser Regeln entstanden. Natürlich ist es nicht ganz einfach, mit etwas so Abstraktem wie einem Prinzip zu beginnen, aber dennoch ist die Liste ein nützlicher Anhaltspunkt, den sie im Kopf behalten sollten und an dem Sie Ihre Ideen und Skizzen messen können – sehen Sie es als eine Art Checkliste, die die Kriterien für einen möglichen Gartenentwurf zusammenstellt.

Dieser Garten verbindet den Stil und die Atmosphäre von Landhaus und Sommerwohnung. Trotz der Vielfalt und der üppigen Bepflanzung ist ein ausgeglichener Entwurf gelungen. Das Gelände wurde durch verschiedene Holzpfeiler als Stützen für Kletterrosen geschickt aufgeteilt. Die Lavendelhecke läßt das Gerüst romantisch wirken. Die üppige Pracht von Rosen und Stauden, die sich über die Rabatte ergießen, werden durch kontrastierende, einfache Stilelemente wie den mit grünen Reben überwucherten Bogen und dem schmalen Graspfad ausgeglichen. Auch die Statue fügt sich in die harmonische Atmosphäre des Gartens ein.

Schlichtheit

Mit der Schlichtheit kehrt Ruhe in unseren Garten ein. Dieses Merkmal ist für eine beschauliche erholsame Atmosphäre besonders wichtig.

Trotzdem ist es nicht leicht, einen Garten schlicht zu gestalten. Es ist vor allem eine Frage der Organisation, sowohl hinsichtlich der Ideen als auch der praktischen Realisierung. Zuerst müssen Sie sich für eine Grundkomposition entscheiden, und dann müssen Ideen und Elemente so miteinander verbunden werden, daß das Grundthema des Gartens erkannt wird, ohne daß jedoch alle Schätze sofort preisgegeben werden. Schlichtheit bedeutet nicht Mangel an Tiefe und Komplexität, sondern vielmehr, daß alle diese Elemente in einen harmonischen Zusammenhang miteinander gebracht werden.

Ruhezonen wechseln mit lebhaften Zonen ab. Dies wiederholt sich in der Bepflanzung, während Bodenbeläge und andere Baumaterialien in gedämpften Tönen und einfachen Mustern gehalten werden.

Besonders in kleinen Gärten ist die Schlichtheit wichtig, da hier ein Überladen den Garten noch kleiner und unruhiger erscheinen läßt. Niemals sollte man sich dazu hinreißen lassen, von jedem etwas zu verwenden, denn das würde unweigerlich in einem ungeordneten Chaos enden. Auch in einem größeren Garten ist die Schlichtheit wichtig, damit das Auge nicht ruhelos umhersuchen muß. Als wichtigstes Prinzip gilt, daß verschiedene Linien und Muster nicht ungeordnet miteinander kombiniert werden dürfen. Gestalten Sie jede einzelne Komposition einfach, aber verbinden Sie die Elemente fließend miteinander. So schaffen Sie ein harmonisches Bild, das Sie dann abseits von der Hektik des Alltagslebens, auch wirklich genießen können.

Um eine kleine, rechteckige Parzelle möglichst interessant zu gestalten, wurden vier unterschiedliche Landschaften gebildet. Die Geometrie des Rasens wird durch zwei gestutzte Buchsbäume am Anfang der Terrasse betont. Die glatte Elipsenform läßt die Fläche größer erscheinen und vermittelt den Eindruck einer runden Perspektive. (Auf der einen Seite führt ein links und rechts bewachsener Pfad zu einer Allee; im Vordergrund liegt die kleine Terrasse, die den Weg zum Haus freigibt). Die Blütenfarben um den Rasen herum wurden auf blau und rosa beschränkt; die Terrassenbepflanzung hat Silber- und hellgelbe Töne als Kontrast.

Einheitlichkeit und Harmonie

Diese Eigenschaften lassen sich in einem bereits bestehenden Garten wesentlich einfacher finden, als wenn man sie erst selbst herausarbeiten muß. Gerade zu Beginn der Gartengestaltung, wenn die ausgewählten Pflanzen noch im Wachsen begriffen sind, werden sie die ihnen zugeordneten Plätze noch nicht ausfüllen, um harte Konturen weicher erscheinen lassen. Viel Geduld wird einem in diesem Stadium abverlangt, aber mit Hilfe der Vorstellungskraft kann man die fertige Komposition auf seinen Plan übertragen.

Das Bild der Harmonie erwacht, wenn man sich einen bestehenden Garten, in dem Pflanzen und andere Elemente mit dem Stil des Hauses fließend ineinander übergreifen, vorstellt. Pflanzenformen und -farben ergänzen anschließende strukturelle Elemente, und die kleinen Überraschungen, wie ein bunt bepflanzter Behälter oder aufeinander abgestimmte Blumenbeete, fügen sich glänzend ein.

Pfade durch den Garten sollten wie zufällig erscheinen, von Bögen und Fliesenmustern begleitet, ohne den Eindruck zu erwecken, daß sie einer Planung oder Zwängen unterliegen.

Die Einzigartigkeit harmonischer Linien spiegelt sich mustergültig in japanischen Gärten. Das Zusammenspiel von Wasser, Steinen, Kies mit Bambus, Schilf und Azaleen gegen die klaren Linien moderner Gebäude ist konkurrenzlos. Sowohl Holz als eine einfache Verlegung von Platten bietet sich hierfür an.

Aus diesen Beispielen läßt sich einiges lernen. Die harten Elemente des Gartens bilden eine harmonische Linie mit den sie umgehenden Gebäuden, es findet sich sogar entweder eine Fortsetzung im Stil oder des verwendeten Materials wieder. Oft wird auch die Verbindung zur Umgebung geknüpft, wenn man sich etwa mit Mauern und Zäunen dem örtlichen Baustil unterwirft. Holz, unabhängig vom Stil, ob natur belassen, rustikal oder mit einem farbigen Anstrich versehen, wird niemals aus dem Rahmen fallen. Bestehen Sie nicht auf Bodenbelägen, nur weil Sie Ihnen zusagen. Paßt die harte geometrische Linie zu den weichen, runden Formen, die anderswo im Garten verwendet wurden?

Wenn Sie die Pflanzen auswählen, die Sie in Ihrem Garten kultivieren möchten, ist es sinnvoll, sich an anderen Gärten und auch an Gartenbüchern zu orientieren. Diese Anregungen sind sehr nützlich, da aus der Fülle nur eine begrenzte Anzahl Platz finden kann. Lassen Sie sich beraten, ob die Auswahl, die Sie getroffen haben, in Ihrem Garten auch die entsprechenden Lebensbedingungen vorfindet, um richtig zu gedeihen. Heimische Pflanzen können beispielsweise die Verbindung der exotischen Pflanzen zur natürlichen Umwelt außerhalb des Gartens herstellen.

In einem kleinen Garten ist es oft nicht möglich, Abschirmungen herzustellen; trotzdem kann die Einheit durch einfache, geometrische Formen unterstrichen werden. Gleiche Formen können in einem größeren Garten verschieden verwendet werden, Pflanzenzusammenstellungen wiederholen sich, und lassen ein bestimmtes Thema erkennen. Die Einheit ist der unsichtbare Faden, der alle Elemente zusammenhält.

Diese im Laub versteckte, attraktive Urne ist der ideale Mittelpunkt für eine stille Gartenecke, in die man sich zum Nachdenken zurückziehen kann. In klassisch inspirierten Gärten findet man häufig diese zeitlose Form, die zur Beschaulichkeit anregt. Harmonisch fügt sich die Urne in ihre unmittelbare Umgebung ein. Die rosa Farbe des Tons paßt zu der Blütenpracht. Die Oberfläche der Blätter spiegelt den stillen Glanz der Scheibe wider.

Dieser Blick auf ein Sommerhaus macht deutlich, daß das Prinzip der Einheitlichkeit nicht immer gewahrt sein muß. Elemente – Pflanzen, Konstruktionen und Materialien – unterscheiden sich voneinander, wurden asymmetrisch angeordnet, und keines der Motive wiederholt sich ein zweites Mal. Trotzdem atmet dieser großzügig gestaltete Garten Ausgeglichenheit und Ruhe, hauptsächlich durch die Auswahl der Pflanzenfarben und die von Menschenhand gefertigten Elemente.

Das Gleichgewicht

Als extreme Form der Symmetrie läßt sich die Ausgewogenheit am leichtesten beispielsweise durch zwei gleiche Urnen links und rechts am Anfang einer Treppenflucht, oder durch vier beschnittene, immergrüne Sträucher oder Bäume, die die vier Ecken eines Beckens betonen, demonstrieren. Asymmetrische Ausgewogenheit ist eher eine Angelegenheit der Intuition und läßt sich weniger leicht beschreiben. Betrachtet man ein Gemälde, so arbeitet der Künstler nach ungeschriebenen Gesetzen; ähnliches findet man in Blumenarrangements wieder. Großzügig und locker angeordnet wirkt es ebenso ausgewogen wie im kleinen, dichten Block eng zusammengesetzt. Alles ist nur eine Frage der Ästhetik.

Auf den Garten umgesetzt könnte man sagen, daß eine starke Betonung in einem Teil des Gartens nicht unbedingt dasselbe Muster oder dieselbe Bepflanzung als Gegenstück wiederspiegeln muß. Eine Laube kann auch als Gegenstück zu einer Baumgruppe verwendet werden, wo dieselbe Fülle von Blattwerk vorzufinden ist.

Ausgewogenheit herzustellen hängt wesentlich von der Lage des Grundstücks ab. Ein Hanggrundstück vermittelt leicht den Eindruck des Abrutschens. Hier kann Abhilfe geschaffen werden, indem am tieferliegenden Teil des Gartens hohe Bäume gepflanzt werden. Höherliegende Bepflanzung wird zur Dominanz tendieren, die man in der Planung berücksichtigen muß.

Die Ausgewogenheit macht sich bei Pflanzen in Form von Größe, Umrissen und der Allgemeinerscheinung bemerkbar. Dichte, immergrüne Arten wirken schwerer als dünnblättrige, gefiederte, laubabwerfende, auch wenn sie dieselbe Größe haben. Ein kleines Exemplar der erstgenannten Art kann ausgewogen mit einer Gruppe laubabwerfender Bäume wirken. Auch farbliches Zusammenpassen bei blühenden Pflanzen sollte berücksichtigt werden, wobei allerdings Farbe und Beschaffenheit des Blattwerks und weniger die Blüte, die meist ohnehin kurzlebig ist, ausschlaggebend sein sollen.

Ein ungeschriebenes Gesetz schreibt uns vor, unsere Pflanzengruppen immer in ungleichen Anzahlen anzuordnen. Daran braucht man nicht ernstlich festzuhalten. Ausgewogenheit zwischen den gewählten Elementen ist wesentlich wichtiger. In formalen Anordnungen, bei denen Entfernungen gleichmäßig berücksichtigt werden können, mag dies zutreffen; spontaner jedoch ist es, informelle Gruppierungen durch das Augenmaß zu bestimmen. Sie sollten immer im Auge behalten, daß die Pflanzen, die Sie setzen, meistens Jungpflanzen sind, und der benötigte spätere Platz mit einkalkuliert werden muß. Ein zweidimensionaler Plan wird Ihnen da nicht viel helfen, versuchen Sie es deshalb mit einer Art Skizze, die Sie eventuell durch Photos von dem Grundstück unterstützen. So können Sie sich besser vorstellen, wie sich die Pflanzen mit den vertikalen Elementen harmonisch ins Gleichgewicht bringen lassen.

Oben: Hier zeigt sich der Holzsitz im eleganten »Chippendale«-Stil als Mittelpunkt eines perfekt ausbalancierten Bildes. Die beiden Gefäße an jeder Seite unterstreichen den Entwurf. Die weißen Blüten tragen Helligkeit in eine schattige Ecke, während die beiden Wacholder als Schildwachen agieren. Der im Fischgrätmuster gehaltene Pfad, dessen Muster sich in der Banklehne wiederfindet, wird von einer Ziegelborte im Webmuster gesäumt.

Rechts: Als Gegengewicht zum massiven Haus bilden ein geschwungener Pfad und eine in Ziegel verlegte Terrasse eine Plattform, die das Haus vom grabenähnlichen Becken trennen. Zwei runde Paneele erzeugen trotz Asymmetrie Gleichgewicht, während die in Ziegel verlegten Ringe den Maßstab der runden Muster des Weges zeigen, der hinter dem Haus verläuft.

Maßstab und Proportion

Richtige Proportionen erreicht man, indem man die verschiedenen Elemente wie Bepflanzung und hergestellte Konstruktionen – horizontal wie auch vertikal – in der richtigen Größe zueinander und zum gesamten Garten miteinander verbindet.

Es ist fast einfacher, ein Bild schlechter Proportionen zu beschreiben. Übergroße Elemente wirken plump und fallen sofort auf. Wenn die Proportionen stimmen, wirkt alles ruhig und ausgeglichen. Eine große Trauerweide oder übergroße Koniferen, Hecken, die unbeschnitten wachsen können, werden ein Haus und den Garten optisch erdrücken. Üppige Bodenbeläge in einem kleinen Garten betonen kleine Rasenflächen, und Blumenrabatten machen noch deutlicher, wie wenig Platz vorhanden ist. Solche Gärten lassen keinen Raum für Fantasie und Ungezwungenheit.

Andererseits können zu klein gehaltene Elemente, wie beispielsweise halbmondförmige, winzige Blumenbeete, von großen Rasenflächen umsäumt, kleinlich und verloren wirken. Zu schmal angelegte Blumenbeete können kaum Pflanzen aufnehmen und wirken dann durch ihre Kahlheit ernüchternd. Auch enge Pfade, die man nur im Gänsemarsch begehen kann, wirken in einem Garten, der Platz genug aufweist, grotesk und ungemütlich.

Ein Beispiel für gute Proportionen könnte eine breite Terrasse sein. Sie wirkt großzügig und bildet die Verbindung vom Haus zum Garten, ohne ihn zu schmälern. Ein formal, im Rechteck angelegter Rasen, der nicht mit Blumenbeeten und anderer Bepflanzung überladen wird, macht einen gediegenen Eindruck. Eine lockere Planung mit im Rasen verstreut gesetzten Sträuchern kann eine glückliche und gelungene Balance zu dem von Mauer zu Mauer reichendem Rasen und dem zwischen Blumenbeeten verlaufenden Graspfad sein.

Jeder Zentimeter eines Gartens wird durch Maßstab und Proportion bestimmt. Bodenbeläge sollten im richtigen Verhältnis zur ganzen Fläche stehen. Kleine Einheiten in einem großen Garten können eng wirken, große Pflastersteine lassen dagegen eine kleine Ecke noch winziger erscheinen. Ähnlich verhält es sich auch mit vertikalen Konstruktionen wie Pergolen und Bögen. Nur wenn die Proportionen stimmen, wirkt der Entwurf graziös.

Auf dem Papier lassen sich relativ einfach Maßstab und Proportionen der horizontalen, flachen Elemente ausarbeiten. Sogar Zäune und Pergolen lassen sich zuverlässig übertragen. Etwas problematischer wird es mit Pflanzen, besonders den größeren Bäumen und Sträuchern. Hier muß auf alle Fälle die endgültige Höhe und Breite berücksichtigt werden. Entsprechend trifft man die Auswahl. Ersatzpflanzen sollten dann von den einmal eingeplanten kaum differieren. Natürlich wählt man nur von renommierten Gärtnereien, bei denen man sicher sein kann, daß die angegebene Beschreibung auch stimmt. Man könnte zwar zu große Bäume oder Sträucher zurückschneiden, aber nicht immer vertragen sie einen regelmäßigen Schnitt. Auf solche Notlösungen und Vorschläge von Pflanzenverkäufern sollten Sie sich nicht einlassen.

Manche gelungene Komposition hält sich nicht an diese Regeln und funktioniert trotzdem. Es soll auch nicht heißen, daß in einem kleinen Garten nur Miniaturpflanzen anzutreffen sein sollten. Oft wirkt gerade eine große Solitärpflanze mit attraktiven Blättern interessant und verleiht dem Garten eine besondere Note. Kleinere Anpflanzungen in großen Gärten, an den richtigen Plätzen gesetzt und großzügig gruppiert, vermitteln dem Betrachter ein Bild der Ausgewogenheit.

Optisch lassen sich Perspektiven und Maßstäbe verschieben, indem vertikale Elemente allmählich verändert werden und dadurch ein Gefühl der Weite geben.

Dieses perfekt miteinander in Einklang gebrachte Pflanzenschema mit den hohen Spitzen der Ligularia przewalski, *die in den runden Formen der* Darmera peltata *ihr Gegengewicht findet, bildet einen ansehnlichen Rahmen für einen Pfad, der sich durch den Garten schlängelt. Größe und Anordnung der Rabatten und der architektonischen Elemente – besonders der mit* Wisteria *bepflanzten Pergola – bilden einen schattigen Durchgang, der neugierig macht. Die Bepflanzung um den Weg herum besteht aus auffälligem Blattwerk mit einigen hellen Farben – der* Ligularia, Pelargonia *und* Fuchsia *–, wodurch die notwendigen Akzente gesetzt werden, und das Aufblitzen des pinkfarbenen Springkrauts* (Impatiens) *und der blauen* Lobelia *hellen den Gang auf und laden den Betrachter zum Weitergehen ein.*

Das Interesse wachhalten

Ein Garten kann trotz der eingehaltenen Regeln nichtssagend und langweilig wirken, wenn die Spannung fehlt. Diese wird bis zu einem gewissen Maß vom Besitzer selbst bestimmt. Manch einer kann sich an einem üppigen Gemüsegarten erfreuen, während einen anderen die Ordnung akkurat angelegter Beete anspricht. Nicht jeder wird beim Anblick von üppig wachsenden Lilien entzückt sein. Die Geschmäcker klaffen hier sehr weit auseinander. Der Garten, der zur Erholung gedacht ist, sollte Freude und Entspannung ausdrücken. Blickpunkte sind wichtig, um einen gelungenen Gartenentwurf zu erhalten. Spielereien mit Wasser mögen für den einen richtig sein; ein anderer zieht vielleicht Statuen und andere Ornamente vor.

Das Interesse wachhalten bedeutet, Neugier und Spannung zu bewahren. Das Geheimnisumwitterte fördert die Neugier und weckt den Wunsch zur Entdeckung. Was könnte man an der nächsten Ecke finden? Was verbirgt sich hinter der Abschirmung? Wohin mag der gewundene Pfad oder der versteckte Bogen führen? Der Blickpunkt besteht aus der Anziehungskraft und dem bleibenden Interesse. Diese beiden Elemente verursachen Bewegung im Garten und belohnen den Betrachter. Unabhängig davon, wie ausgewogen ein Garten ist, ohne fesselnden Blickpunkt bleibt er nichtssagend und uninteressant.

Ein sofort überschaubarer Garten bietet keine Geheimnisse. Die menschliche Neugier läßt sich aber durchaus auch im Kleinen, durch Spaliere, sorgfältig gewählte Pflanzen oder Ornamente, wachhalten. Ist erst ein Anziehungspunkt gefunden, wird man suchend weiterblicken, um noch andere Dinge zu entdecken.

In diesem kleinen Garten liegt die Betonung auf den Pflanzen – eine reiche Auswahl von Sträuchern, Kletterpflanzen und Lieblingsstauden, wie sie oft in Landhausgärten zu finden sind. Trotz des schmalen Grundstücks wurde auf Blumenbeete nicht verzichtet, großzügig und üppig ziehen sie Pflanzenliebhaber an. Der halbversteckte Sitzplatz und der geheimnisvolle Eindruck von Tiefe jenseits der Urne laden denjenigen ein, der sich vom Zauber der Pflanzen nicht vollständig gefangennehmen läßt.

Die Ausführung

Erfüllung aller Bedürfnisse ist eine unorthodoxe Umschreibung von Ausführung. Aber sie ist wichtig. Wie anfangs schon gesagt ist ein Garten, der die Bedürfnisse des Besitzers und Benutzers nicht berücksichtigt, schlecht geplant. Ein berufstätiges Paar wird sicherlich mit einem arbeitsintensiven Garten – egel wie schön er sein mag – unbefriedigt bleiben, wenn ihnen nur begrenzte Zeit der Entspannung bleibt. Auf der anderen Seite wird ein Hobbygärtner nur mit einer Wiesenfläche oder anderem Bodenbelag ebenfalls unzufrieden sein.

Daher sollten in Ihrem Gartenentwurf die Elemente, die Sie Ihrer Checkliste entnommen haben, enthalten sein. Möglicherweise mußten Sie Einschränkungen in Kauf nehmen, da das Gelände oder Ihr Budget nicht alle Wünsche zuließen. Trotzdem sollte der Entwurf innerhalb dieser Grenzen Ihre Bedürfnisse, die Vorstellung, die Sie von Ihrem Garten haben, decken.

Dieses dekorative, kleine Gartenzimmer wurde ebenso sorgfältig möbliert wie die übrigen Räume des Hauses. Der Bodenbelag statt Rasen läßt den Besitzern die Möglichkeit, sich um ihre blühenden Pflanzen nach Herzenslust zu kümmern. die eleganten weißen Möbel unterstreichen das Arrangement der vorwiegend weißen Blüten, deren Duft die Atmosphäre des Gartens, besonders in den Abendstunden, betont.

GARTEN-
PLÄNE

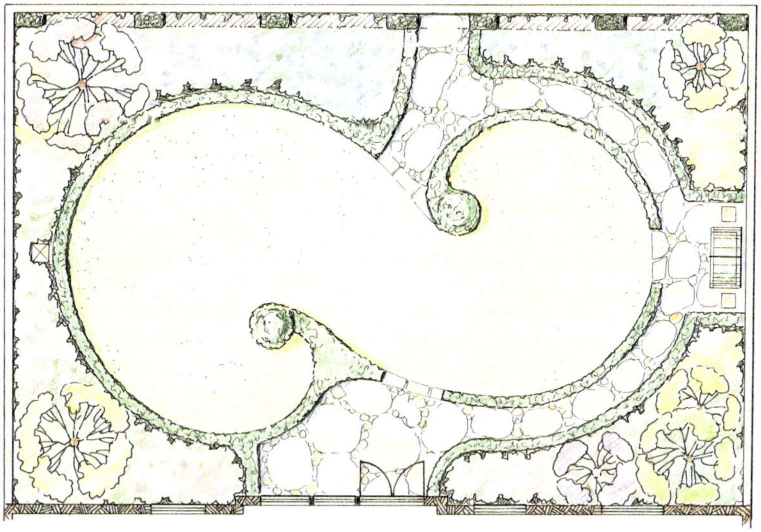

In diesem Kapitel werden die verschiedenen Elemente und Regeln der Gartengestaltung in Beziehung gesetzt. Es zeigt, wie schöne Anlagen auf dem Papier aussehen und wie sie dreidimensional wirken.

Die folgenden Gestaltungsvorschläge basieren auf den häufigsten Grundstücksformen, wobei jeweils verschiedene Lösungsmöglichkeiten vorgestellt werden. Neben einem farbigen Grundrißplan läßt eine perspektivische Zeichnung den Garten in allen Details lebendig werden. Texte erläutern, welche Überlegungen den einzelnen Gestaltungselementen zugrundeliegen. Daneben finden sich auf Schwarzweißplänen alternative Gestaltungsvorschläge etwa für Gärten, die besonders pflegeleicht sind oder einen etwas anderen Schnitt haben.

KLEINE QUADRATISCHE GÄRTEN

Es gibt zahllose kleine, quadratische Gärten, die trotz des engen Raumes schön sind, weil sorgfältige Planung ein klares, harmonisches Bild entstehen ließ. Systematisches Vorgehen ist nötig, um eine kleine Fläche optimal zu nutzen. Dies erfordert ein klares Gestaltungsthema, eine gute Ausführung, aber auch das Vermeiden von Ablenkungen und Unordnung. Wo Raum knapp ist, muß sich jede einzelne Pflanze und jedes statische Element seinen Platz verdienen.

Wie auf den folgenden Seiten gezeigt, umfassen die Gestaltungsmöglichkeiten eine Vielfalt von Stilen, die von formalen Anlagen, in denen eine »harte« Linie dominiert, bis hin zu zwangloser Pflanzenfülle reichen. Der Garten kann die Atmosphäre eines kühlen Hinterhofes haben, in dem Pflanzen bloße Accessoires sind, oder aber die eines Miniaturdschungels. Als Regel für kleine Gärten gilt: Entscheiden Sie sich eindeutig für einen Stil: entweder formal oder frei.

Meist kann durch eine formale Gestaltung, mag sie symmetrisch oder asymmetrisch sein, bei kleinen Grundstücken am besten der Eindruck von Geräumigkeit erzeugt werden. Hier können Sie Bodenbeläge einsetzen, um den Raum optisch größer erscheinen zu lassen, etwa durch diagonale oder runde Pflastermuster, die dem Kasteneffekt des Quadrates entgegenwirken. In formale Anlagen kann man häufig auch Mauer oder Zaun um das Grundstück einbeziehen, so daß auch diese physische Grenze zu einem Bestandteil der Gestaltung wird.

Bei Gärten, die natürlich wirken sollen, geht hingegen durch das Verstecken der Grenzen Platz verloren. Hier sollte man die rechtwinkligen Formen durch sorgfältig plazierte Bäume, Sträucher und Kletterpflanzen kaschieren, da ein Garten, bei dem im Hintergrund ein Zaun oder eine Mauer sichtbar ist, wenig natürlich wirkt. In der Anlage auf Seite 46/47 wurden Flechtzäune verwendet, um die Teile der Grenze zu verbergen, die zwischen den Pflanzen sichtbar sind. Dieser Garten zeigt auch, wie man durch eine klare Vorgehensweise aus Platzmangel eine Tugend machen und den Spaziergang durch den Garten zu einer Erforschung geheimnisvoller Regionen werden lassen kann.

Die meisten kleinen quadratischen Grundstücke werden aber so angelegt, daß ein durchgängiger Gartenraum entsteht. Zum einen läßt Raumknappheit wenig Möglichkeit zur Unterteilung, obwohl der Familiengarten auf Seite 44 hier eine faszinierende Möglichkeit zeigt; zum anderen können die Grenzen den Garten in einer Weise umgeben, durch die der Eindruck von Mauern, die einen Raum einschließen, entsteht. Vielleicht verstärkt man diesen noch durch Pflanzen oder Spaliere, um wirklich ungestört zu sein. Doch je höher die Begrenzung, um so kleiner erscheint unweigerlich die Fläche. Und nicht nur das: Es wird auch entsprechend mehr Schatten entstehen.

Glücklicherweise gedeiht eine Fülle von großartigen Pflanzen auch im Schatten, und immergrüne Arten lassen den Gartenraum das ganze Jahr hindurch reizvoll erscheinen. Und Sie brauchen nicht mit einem langweiligen Rasen kämpfen – verlegen Sie statt dessen ein helles Pflaster mit einem klaren Muster.

Hohe Grundstücksgrenzen bieten darüber hinaus zusätzliche vertikale Wuchsflächen für Kletterpflanzen. Diese können durch architektonische Elemente wie Bogendurchgänge oder ein Trompe-l'oeil noch betont werden. Sowohl die Pergola im Garten für den Pflanzenfreund auf Seite 44 als auch der Spiegel auf Seite 49 geben zusätzliche Tiefe und lassen die Illusion von mehr Raum entstehen als tatsächlich vorhanden ist.

Man kann den Raum auch dadurch vergrößern, daß man Elemente einbezieht, die eine doppelte Funktion haben. So kann eine niedrige Stützmauer breit genug sein, um auch als Bank zu dienen. In dem Garten auf der folgenden Seite wurden die Sitzflächen der Bänke mit Scharnieren befestigt, um darunter zusätzlichen Lagerraum zu schaffen.

Üppige Pflanzen verbergen in diesem winzigen Hof die Mauern und bilden eine Art von Teppich. Das dichte Laub läßt auch dekorative Elemente wie die kleine Statue zu einem gewissen Teil verschwinden, die dadurch um so faszinierender wirken. Während die Blätter vielfältige Formen und Strukturen haben, sind die Blütenfarben auf Rot und Weiß beschränkt, da eine begrenzte Farbpalette für kleine Flächen empfehlenswerter ist.

Formale Gärten

Dieser kleine quadratische Garten sollte ein Ort der Ruhe und Erholung werden. Seine asymmetrische, formale Anlage bietet reichlich Raum für Entspannung und Geselligkeit.

1 Der Pflanzenkübel in der Mitte bildet den Blickfang des Gartens und ist sowohl vom Haus als auch von den Holzbänken aus zu sehen. Die Pflanzen wachsen in keilförmigen Fiberglasbehältern, die herausgehoben werden können. Darunter befindet sich eine Grillstelle.

2 Das Pflaster ist blaugrau – eine Farbe, die Licht reflektiert und so den Eindruck von Weite entstehen läßt. Für die Einfassungen wurden bläuliche Pflastersteine verwendet, die die verschiedenen Elemente des Gartens verbinden.

3 Die Holzbänke liegen in der Sonne. Ihre Sitzflächen sind mit Scharnieren befestigt, so daß darunter Platz zum Lagern entsteht. Durch die Hochbeete neben den Bänken wirken die Außenmauern niedriger, und da die Ziegelsteine der Stützmauern mit der Grenzmauer harmonieren, entsteht der Eindruck von Kontinuität.

4 Für den Rasen wurden Grasarten eingesät, die Schatten vertragen. Sollte dieser Bereich sehr klein sein, kann auch ein niedriger immergrüner Bodendecker wie kleinblättriger Efeu oder Minuartia verna gepflanzt werden, wodurch die Fläche stärker strukturiert wird.

5 Die schattige Ecke, in der Grenz- und Hausmauer zusammentreffen, bildet einen Kontrast zu der heiteren Atmosphäre des übrigen Gartens. Sie wird durch eine Statue belebt, die man von der Pflasterfläche aus sieht, wenn man über den Rasen blickt.

Anstelle des Hochbeetes, in dem sich ein Grillplatz verbirgt, könnte als zentrales Element auch ein Becken mit einem kleinen Springbrunnen dienen. Dadurch würde die Fläche geräumiger wirken. Falls dort aber kleine Kinder spielen, ist diese Lösung natürlich ungeeignet.

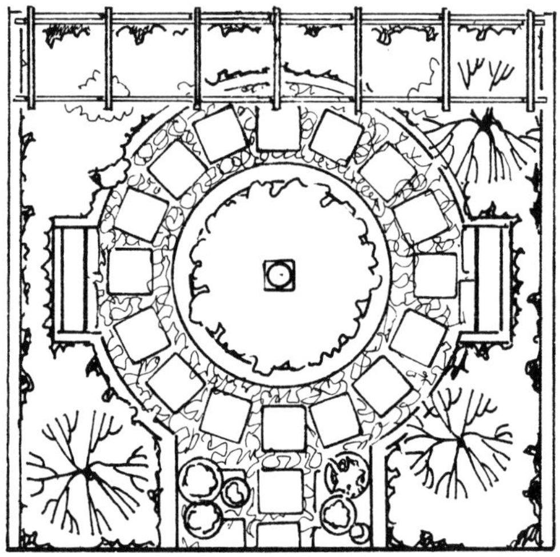

Ein pflegeleichter Garten
Den Blickfang dieses pflegeleichten Gartens bildet ein erhöht liegendes Becken und mit einem Wasserspeier in der Mauer. Pflanzen wurden auf Hochbeete und quadratische Gefäße oder Kübel beschränkt.

Eine runde Bank an der rechten Stützmauer schaut in Richtung auf den zweiten Blickfang, etwa eine Vase oder eine Skulptur. Die Fläche ist durchgehend gepflastert und daher leicht zu pflegen. Für Geselligkeit und spielende Kinder ist reichlich Platz.

Ein Garten für den Pflanzenfreund
Diese symmetrische Garten besteht fast nur aus Beeten und Rabatten. Selbst die Pflastersteine sind von einem Pflanzenteppich umgeben. Das runde Beet in der Mitte und die Beete am Rand können mit dem Pflaster abschließen oder erhöht angelegt werden. Zwei gegenüber liegende Bänke sind dem Mittelpunkt des Gartens zugewandt.

An der Pergola wachsen üppige Pflanzen; so erhält der Raum Tiefe.

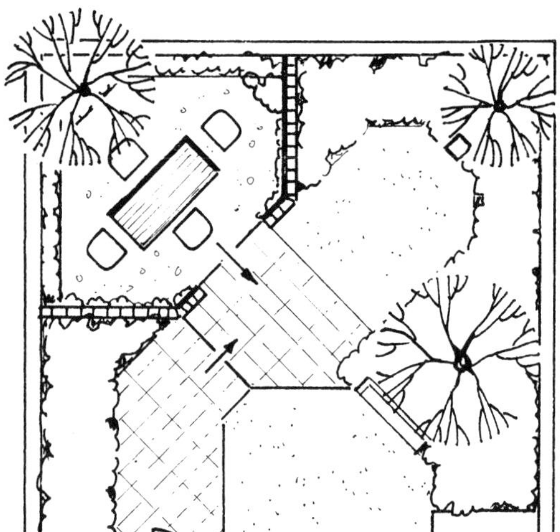

Ein Familiengarten
Diese asymmetrische Anlage ist in kleine, miteinander verbundene »Räume« mit vielfältigen Nutzungsmöglichkeiten unterteilt. Die Haustür führt direkt auf das Pflaster, das in Höhe der Stufe die Richtung ändert.

Links gelangt man vom Pflaster aus in einen abgeschlossenen Bereich, der der Entspannung dient. Er ist von einer Holzwand mit Kletterpflanzen umgeben.

Rechts liegt eine Grasfläche, an deren Ende sich unter einem kleinen Baum ein Blickpunkt befindet.

Beim Blick zurück auf das Haus wird eine Bank sichtbar, die am Rand einer zweiten Rasenfläche steht. Werkzeuge und andere Gartengeräte können in einem kleinen Verschlag vorn rechts aufbewahrt werden, den man über einen schmalen Weg erreicht.

Ein erhöhter Teich im Barockstil läßt – wie in dem pflegeleichten Garten gegenüber – einen schönen Mittelpunkt entstehen. Seine geschwungenen Formen bilden auf horizontaler wie vertikaler Ebene einen großartigen Kontrast zu dem regelmäßigen quadratischen Grundstück. Die klassische Kombination von Wasser, kühlem Stein und Blattpflanzen schafft eine Atmosphäre der Ruhe. Obwohl die Anlage sehr geordnet wirkt, erfordert sie relativ wenig Pflege. Um für Abwechslung zu sorgen, können die in Form geschnittenen Kübelpflanzen immer wieder neu gruppiert werden.

Frei gestaltete Gärten

Dieser winzige Stadtgarten ist als natürliche Oase mitten in der Stadt geplant worden. Die Grundstücksgrenzen sind hinter Flechtzäunen und hohen Pflanzen verschwunden. Obwohl der Garten klein ist, sind einzelne Bereiche von anderen nicht einzusehen, was den Spaziergang sehr reizvoll macht. Dichte Bepflanzung das ganze Jahr über trägt zur dschungelähnlichen Atmosphäre bei.

1 Für die befestigten Flächen wurden im ganzen Garten Pflastersteine verwendet. Sie erzeugen den Eindruck von Kontinuität und verbinden die verschiedenen Bereiche des Gartens, ohne seine zwanglose Gestaltung zu stören. Zwischen den Steinen wachsen Gras oder andere Bodendecker, die es weicher wirken lassen. Trotzdem ist die Fläche während der meisten Zeit des Jahres ziemlich trocken und sicher begehbar.

2 Der runde Sitzbereich liegt an der sonnigsten Stelle des Gartens, erhält aber etwas Schatten von umgebenden Pflanzen, die auch für Ungestörtheit sorgen. Ein richtig plazierter Baum verhindert Einblicke von außen und sorgt dafür, daß man den Platz auch vom Haus aus nicht sieht. Ein blühender Baum, wie etwa *Catalpa bignoniodes* oder seine gelbe Form 'Aurea' bieten den notwendigen Schutz und tragen zur Struktur und zum Reiz des Gartens bei.

3 Der etwas tiefer liegende runde Teich reflektiert in einer dunklen Ecke das Licht und zieht die Blicke vom Sitzbereich aus auf sich, vom Haus hingegen wirkt er geheimnisvoll. Ein Baum mit herabhängenden Zweigen, etwa *Prunus subhirtella* 'Pendula', in der Ecke strahlt Ruhe aus.

4 Auch ein kleiner gekiester Platz ist vom Haus aus nicht sichtbar. Hier stehen runde Findlinge, die wie Skulpturen wirken. Pflanzen dienen als Hintergrund, während auf der Fläche nur wenig wächst, damit ihre Schlichtheit erhalten bleibt. Der Kies wird durch Pflastersteine eingerahmt, die teilweise unter Pflanzen verschwinden und eine zwanglose Atmosphäre schaffen.

Harmonische, skulpturartige Formen entstehen durch die Verwendung natürlicher Materialien wie Findlinge, die mit Kies umgeben werden. Eine solche Gestaltung ist dann am eindrucksvollsten, wenn alle Materialien aus der gleichen Gesteinsart sind.

Ein Familiengarten

In diesem Fall entstand ein sehr viel offener Bereich, den man als Rasen und Kinderspielplatz anlegen kann. Insgesamt wirkt der Garten geräumiger, obwohl einige Bereiche nach wie vor abgeschirmt sind.

Am hinteren Ende des Gartens bietet ein offenes Sommerhaus Sitzgelegenheit. Von hier aus wird der Blick schräg über den Rasten zu einem Blickpunkt wie einer Skulptur oder auffälligen Pflanzen gelenkt. Durch geschwungene Beete und Bäume ist dies alles vom Haus nicht zu sehen. Man sieht lediglich ein kleines Stück Terrasse und Rasen, eine Konifere und die umliegenden Pflanzungen. Ein Weg, der wie die Terrasse aus Naturstein besteht, windet sich unter der Konifere entlang und lädt in den dahinterliegenden, versteckten Bereich ein.

Kräutergärten

Traditionell werden Kräutergärten meist formal angelegt, so auch hier. Der kleine Garten ist von Mauern umgeben und ideal geeignet für die Kultur von Kräutern und Pflanzen, die aus Ländern mit warmem Klima stammen. Die schützenden Wände und die gut drainierten Hochbeete bieten ihnen perfekte Wachstumsbedingungen. Das Ziegelsteinpflaster schafft eine warme, ruhige Fläche und harmoniert mit den Ziegelmauern.

1 Der Terrassenbelag direkt beim Haus, wurde in einem Fischgrätmuster verlegt, das weicher als das gerade Muster im mittleren Bereich des Gartens wirkt. In den Hochbeeten zu beiden Seiten sorgen ein Apfel- und ein Birnbaum für Höhe. In zwei quadratischen Pflanzkübeln, die die gleiche Farbe wie der Pavillon haben, gedeiht Rosmarin – eine der modernen aufrecht wachsenden Arten paßt hier am besten.

2 In dem zentralen Hochbeet befindet sich neben niedrigen Kräutern auch eine Sonnenuhr – ein Element, das sich für einen Kräutergarten besonders gut eignet. Sie liegt sehr tief, damit sie nicht von dem Pavillon im Hintergrund ablenkt, und ist dennoch der Mittelpunkt des Gartens. In den Ecken, die die Stützmauern bilden, stehen vier gestutzte Lorbeerbäumchen. Sie wachsen in Tonkübeln, die wunderbar mit dem Mauerwerk harmonieren.

3 Ein verspielter Mauerbogen schafft ein interessantes Trompe-l'oeil. Er reflektiert das Licht und läßt den Eindruck von Raum entstehen. Gegenüber befindet sich ein rundes »Fenster«, das eine einfache Öffnung in der Wand oder ein zweiter eingelassener Spiegel sein kann.

4 Das Gartenhäuschen mit seiner Bank bildet – besonders aus der Blickrichtung des Hauses – den Höhepunkt des Gartens als romantischer, ruhiger Sitzplatz. Von Spalieren zu beiden Seiten ranken sich Kletterpflanzen über den Pavillon, die Tiefe geben. In größerer Höhe lassen sie ein üppiges Farbenmeer entstehen.

In kleinen Gärten können sorgfältig plazierte Spiegel die Illusion von größerer Tiefe und mehr Raum erzeugen. Wichtig ist, ihre Ränder mit Laub und Blüten zu umgeben, die sich über den Spiegel ranken und den Eindruck erwecken, als würden noch in weiter Ferne Pflanzen wachsen.

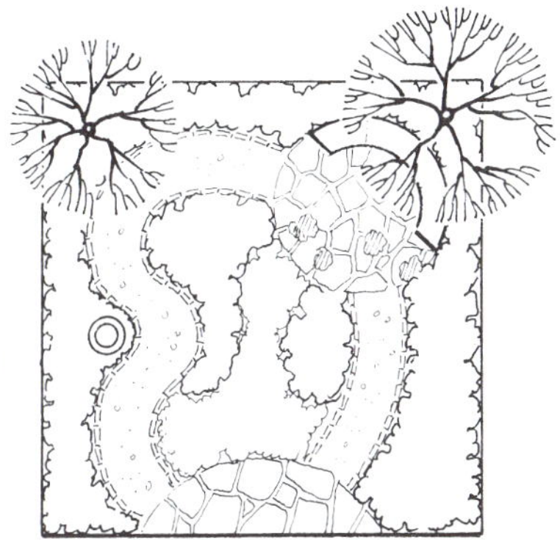

Ein frei gestalteter Garten
Hier gelangt man von der Haustür auf ein unregelmäßig verlegtes Natursteinpflaster. Der mit Ziegelsteinen oder Holz eingefaßte Kiesweg paßt gut zu den Kräutern. Er führt zu einem Sitzbereich und dann wieder zurück zum Haus. Dieser Sitzbereich ist rund und ebenfalls unregelmäßig gepflastert. Auf ihm befindet sich eine runde Steinbank. Hier können teppichbildende und duftende Pflanzen wie kriechender Thymian wachsen.

Auch auf der Fläche in der Mitte gibt es niedrige Pflanzen, so daß der Blick in alle Richtungen frei ist. Größere Pflanzen am Rande des Gartens sorgen für Ungestörtheit. Obstbäume verbergen die Ecken und spenden gleichzeitig Schatten.

Der Mittelpunkt des Gartens wird durch eine Skulptur oder ein Terracottagefäß gebildet, um das sich der Weg natürlich und doch wirkungsvoll windet.

KLEINE RECHTECKIGE GÄRTEN

Kleine rechteckige Gärten finden sich – vor allem in Städten und Vorstädten – vermutlich in größerer Zahl als jeder andere Typ, und ein kleines Rechteck läßt sich auch am einfachsten und vielseitigsten gestalten. Man kann es ohne weiteres in zwei Bereiche für unterschiedliche Zwecke teilen, wie es bei dem Familiengarten auf Seite 52/53 oder den Bauerngärten auf Seite 62/63 geschehen ist. Man gewinnt optisch an Platz, wenn sich ein Bereich den Blicken entzieht. Die Proportionen eines solchen Gartens erlauben es auch, ihn wie etwa auf Seite 55 und auf den Seiten 56/57 als Ganzes anzulegen, mit einem offenen Bereich in der Mitte (den vielleicht Bäume vor neugierigen Blicken von außen schützen) und einer einheitlichen Gestaltung oder Bepflanzung.

Ein einheitlicher Stil

Ein gewisses Maß an Einheitlichkeit ist bei der Gestaltung kleiner Gärten stets erforderlich. Auf keinen Fall sollte man zu viel einbeziehen. Es empfiehlt sich, getrennte Bereiche durch ein gemeinsames Element zu verbinden, etwa indem man für alle Wege die gleichen Materialien verwendet. Wenn der Garten von hübschen Mauern oder Zäunen umgeben ist, kann man durch einen zurückhaltend formalen Stil die schönen Proportionen des Rechteckes voll ausnutzen. Der Gestaltung auf Seite 56/57 liegt beispielsweise die Elipsenform zugrunde. Aber auch ein freierer Stil ist möglich. Die Familiengärten auf Seite 52/53 sind asymmetrisch angelegt, und die strengen Elemente werden durch üppige Pflanzungen aufgelockert. Bei diesem Grundriß ist es schwieriger, eine natürliche Wirkung zu erzeugen. Wie bei allen kleinen quadratischen Grundstücken erweist sich das Verbergen der Grundstücksgrenzen als sehr schwierig.

Gärten in Hanglange

Häufig liegen rechteckige Gärten an einem Hang. Dies bietet aufregende, herausfordernde Gestaltungsmöglichkeiten wie auf Seite 58-61 gezeigt. Zu den besten Lösungen gehören Gärten mit zwei Ebenen. Direkt beim Haus kann man einen ebenen Bereich gestalten, der eine nützliche Erweiterung des Innenraumes darstellt. Je nachdem wie der Boden abfällt, können so eine abgeschlossene Fläche mit einer ansteigenden Böschung oder eine offene Terrasse entstehen.

Wenn wegen des Höhenunterschiedes ein Teil des Gartens nicht sichtbar ist, kann man die Bereiche unabhängig voneinander mit ganz unterschiedlicher Atmosphäre planen. Auch die Böschung oder Stützmauer kann kreativ genutzt werden. In einem Garten, der an einem steilen Hang liegt, erzeugt eine ebene Fläche direkt beim Haus einen potentiellen Hof vor einer »Wand«, die man mit Kletterpflanzen, Ampeln oder einer Statue schmücken kann.

Wenn der Garten vom Haus abfällt, verschwindet möglicherweise der untere Teil aus dem Sichtbereich, sobald man sich hinsetzt. Vielleicht möchten Sie eine Brüstung oder ein Geländer errichten (vor allem wegen der Kinder), doch je höher und solider die Barriere ist, um so mehr verstärkt sich der Eindruck des Eingeschlossenseins. Ob man die Aussicht einrahmt oder den Blick auf reizvolle Elemente im Garten lenkt, sollte man davon abhängig machen, ob man auf ein herrliches Panorama oder auf die Gärten der benachbarten Häuser schaut.

Schlichtheit heißt das Gestaltungsprinzip dieses kleinen rechteckigen Gartens, der dennoch reizvoll wirkt. Üppige Sträucher und Stauden bilden ein Gegengewicht zur großen Rasenfläche. Kriechendes Laub lockert die Konturen der gepflasterten Wege und Stufen auf. Durch solche Elemente ist es gar nicht so schwer, die zwanglose Atmosphäre eines ländlichen Gartens en miniature entstehen zu lassen. Der geschwungene Weg und der nur teilweise sichtbare Sitzbereich laden zur Erforschung ein. Bäume verstecken die hintere geschwungene Grundstücksgrenze.

Familiengärten

Die irdene Vogeltränke ist ein idealer Blickfang. Hier wird sie auf vollkommene Weise von einem rosenbewachsenen Bogen eingerahmt.

Um den verschiedenen Bedürfnissen einer Familie gerecht zu werden, wurde dieser Garten unterteilt. Sorgfältig plazierte Mauern trennen den funktionalen Bereich am hinteren Ende – wo Platz für spielende Kinder und Gemüsebeete ist – von der Fläche beim Haus, die der Erholung dient. Die Teilräume werden durch die Verwendung braungelber Pflasterplatten und bläulicher Klinker in beiden Bereichen verbunden.

1 Der Sitzbereich besteht aus einer breiten Terrasse mit einer großzügigen Eckbank. Die Hauptachse verläuft hier diagonal und wird durch eine beruhigende Aussicht über den Rasen auf Brunnen und Wasserbecken – dem Höhepunkt des Gartens – gebildet. Die Grenzmauern sind weiß und lassen den Garten stets heiter und sonnig erscheinen. Ihre Decksteine sind auf das Pflaster abgestimmt und sorgen dafür, daß im Garten der Eindruck von Kontinuität entsteht.

2 Der Weg vom Sitzbereich in den hinteren Teil verleiht dem Garten Tiefe und Geräumigkeit, da er den Blick durch einen dekorativen Holzbogen zu einem dahinterliegenden Punkt lenkt – in diesem Fall einer Vogeltränke aus Ton. Der rosenumrankte Bogen ist stabil genug, um eine Schaukel aufzuhängen (die abnehmbar sein sollte, wenn sie nicht benutzt wird).

3 Der hintere Gartenbereich ist für verschiedene Aktivitäten vorgesehen und vom Erholungsbereich kaum zu sehen. Auf der runden Fläche, wo beide Bereiche zusammentreffen, können die Kinder spielen, und links in der Ecke befindet sich ein Sandkasten. Daneben gibt es Kräuter- und Gemüsebeete sowie ein Glashaus in der hinteren rechten Ecke.

Ein pflegeleichter Garten

Ein begrünter Bogengang verleiht einem Garten immer zusätzlichen Reiz – mag er einen Durchgang in einer Trennmauer oder Hecke bilden oder freistehen. Ein Weg, der unter einem Bogengang durchführt, erzeugt ein geheimnisvolles Flair. Wenn er den Blick auf Pflanzen oder dekorative Elemente einrahmt, bekommen auch diese eine besondere Note. Das Angebot reicht dabei von schlichten Reifen über kunstvoll verschnörkelte Metallarbeiten bis zu solideren Holzkonstruktionen (wie in dem auf den vergangenen Seiten gezeigten Familiengarten).

Ein pflegeleichter Garten
Hier wurde eine schlichte offene Fläche angelegt, die Kindern viel Platz zum Spielen bietet. In weite Bereiche ist Rasen eingesät worden. Die Kanten von Pflastern oder Beeten weichen zurück, um das Mähen zu erleichtern.

Hinter dem Sitzbereich am Ende des Gartens liegt ein rundes Hochbeet, das die Bank umschließt. Der Blick wird schräg über den Rasen zu einem Höhepunkt gelenkt, der die sonst recht gleichförmige Mauerfläche auflockert.

Ein weiteres interessantes Element ist der Weg, der am Haus beginnt, in Höhe eines Blumenbeetes die Richtung wechselt und dann zu einer Grillstelle und dem Sitzbereich führt.

Ein kindgerechter Garten
Auch ein Garten für kleine Kinder muß nicht wie ein Abenteuerspielplatz aussehen. Selbst wenn hier keine klaren Teilräume vorhanden sind, so lassen sorgfältig plazierte Pflanzen und der geschwungene Weg verschiedene Bereiche entstehen, durch die einige Gartenteile vom Sitzplatz beim Haus nicht einsehbar sind.

Der Weg führt um ein Beet mit Sträuchern zu einer runden Fläche, wo Kinder Fahrrad fahren können. Sie besteht aus einem unregelmäßigen Steinpflaster, das mit der geschwungenen Form besser harmoniert als rechteckige oder quadratische Steine.

In der hinteren Ecke befindet sich ein geräumiger Spielbereich, der teilweise durch einen Holzzaun versteckt ist. Als Bodenbelag wird weiches Material wie etwa Kiefernrinde verwendet. Es ist Platz für ein Klettergerüst mit einer Schaukel und einen Sandkasten. Um die »Fahrradfläche« stehen immergrüne Sträucher, die den Spielbereich abschirmen.

Ein Garten für den Pflanzenfreund
Wesentlich bei dieser Anlage ist, daß der Besitzer Platz für seine Lieblingspflanzen erhält, und daß gleichzeitig noch Raum für Erholung und Spiel bleibt. Der mit Ziegelsteinen gepflasterte Sitzbereich liegt versteckt und ist von Sträuchern und Bäumen umgeben. Daneben befindet sich ein Rasen, auf dem Kinder spielen können.

Der Blickpunkt vom Haus aus ist ein kleiner Baum mit hängenden Zweigen, wie etwa *Pyrus salicifolia* 'Pendula'. Der Ziegelweg macht einen scharfen Knick und lädt zur weiteren Erforschung des Gartens ein. Von der abgeschirmten Terrasse wird der Blick den Weg entlang durch eine Hecke hin zu einer Figur geführt, die vor immergrünen Pflanzen steht.

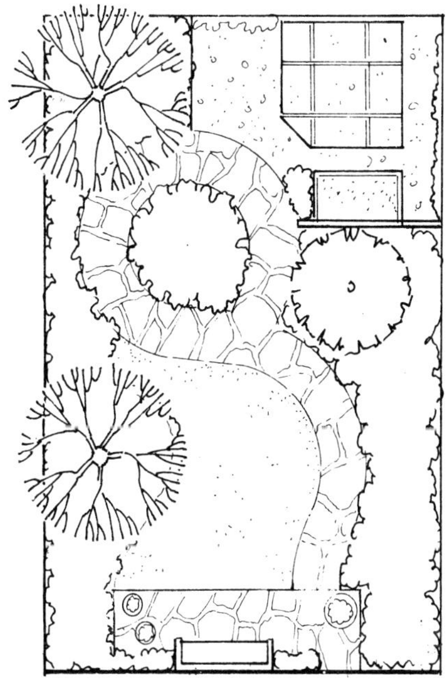
Ein kindgerechter Garten

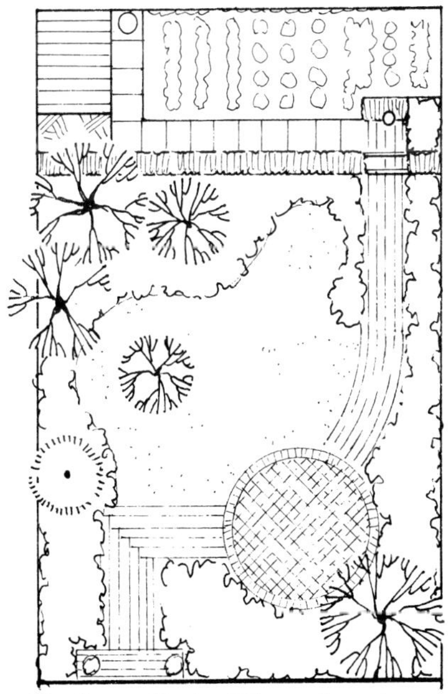
Ein Garten für den Pflanzenfreund

Formale Gärten

Ein formales Konzept muß nicht gleichbedeutend mit harten Linien sein, und für ein rechteckiges Grundstück ist die Ellipse eine schöne Grundform. Diese Anlage basiert auf sich überlappenden Ellipsen, die die Fläche unterteilen. Die geschwungenen Linien vermitteln Ruhe, erzeugen aber auch sanfte Bewegung. Die Gestaltung ist streng formal und symmetrisch. Zwei sich überschneidende Achsen laufen längs und quer durch den Garten und schaffen vier gleiche Aussichtspunkte.

1 Die halbrunde Terrasse direkt beim Haus ist typisch für den Charakter des Gartens und seine Symmetrie. Die markante Bronzestatue und das Beet bilden einen reizvollen Blickpunkt vom anderen Ende des Gartens. Für Terrasse und Wege wurden kleine Stücke Naturstein in Mörtel verlegt und mit Ziegelsteinen eingefaßt. Die unregelmäßigen Formen lassen das Pflaster weicher wirken.

2 Die ovale Rasenfläche in der Mitte ist von niedrigen Pflanzen umgeben, mit vier Öffnungen an den Hauptachsen. Halbrunde Steinbänke, die auf beiden Seiten vor der Mauer stehen, wiederholen die runde Grundform. An den vier »Ecken« der mittleren Ellipse wachsen identische Kirsch- oder Apfelbäume.

3 Der anmutige Pavillon wirkt ein wenig orientalisch und harmoniert gut mit der Bronzestatue. Da er an den Seiten offen ist, entsteht der gewünschte luftig-leichte Eindruck. Auch ein ähnlich geformtes Vogelhaus mit Drahtgitterwänden wäre hier ein passendes Element. Die Grenzmauern haben strengen Charakter und ergänzen die Gesamtgestaltung. Daher sind sie auch kaum mit Kletterpflanzen geschmückt, sondern dienen vielmehr als Hintergrund für davor wachsende kleinere Pflanzen.

Tonfiguren in beiden Nischen der hinteren Wand betonen den kontemplativen Gestaltungsstil des Gartens.

Ein pflegeleichter Garten
Bei dieser Lösung wurde anstelle geschwungener Linien eine starrere, rechtwinklige Geometrie und ein modernerer Stil verwendet. Die beiden dominanten Achsen bleiben erhalten, doch an ihrem Schnittpunkt befindet sich nun ein Blickpunkt (etwa eine abstrakte Skulptur). Er wird von einer rechteckigen Kiesfläche umgeben, die an den Enden Blumenbeete säumen.

Die Terrasse beim Haus liegt erhöht, die mittlere Fläche wird von einem passenden Pflaster umgeben. Auch die Rabatten sind erhöht, um die Pflege zu erleichtern. Rechts und links stehen sich lange Steinbänke gegenüber, an deren Seiten sich pyramidenförmig gestutzte Buchsbäume oder Eiben befinden, die den Eindruck einheitlicher Geometrie betonen. Am hinteren Ende bildet ein Zierbaum wie etwa *Prunus subhirtella* 'Autumnalis Rosea', der im Winter blüht, ein Gegengewicht zu dem Sitzbereich gegenüber.

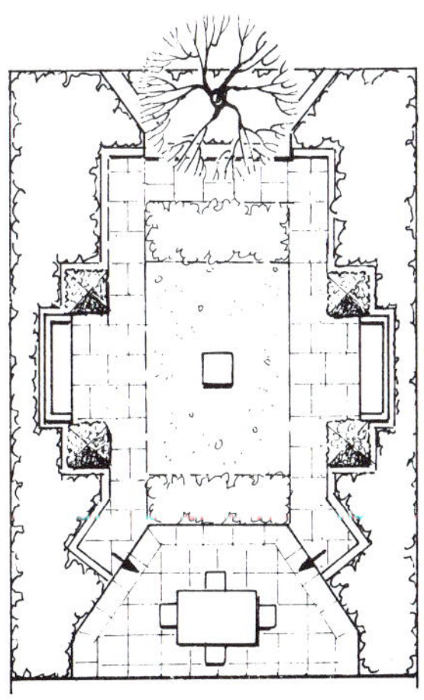

Gärten in Hanglage

Bei diesem kleinen Grundstück verschwindet – wie bei vielen Hanggärten – eine große Fläche hinter einer Böschung, die entstanden ist, als eine ebene Fläche direkt beim Haus geschaffen wurde. Sie soll nun so angelegt werden, daß sie nicht beengt und das ganze Jahr hindurch möglichst reizvoll wirkt. Von Vorteil ist, daß beide Ebenen vollkommen unterschiedlich gestaltet werden können, da man die eine von der anderen aus nicht sehen kann.

1 Ein Zierteich, der mit Wasser aus einer bronzenen Muschel in einer ovalen Wandnische gespeist wird, ist ein hübscher Mittelpunkt im Bereich direkt beim Haus. Dieser Teil des Gartens wurde streng formal gestaltet, und seine einzelnen Elemente und Materialien wirken das ganze Jahr hindurch reizvoll. Der breite Beckenrand kann als Sitzplatz genutzt werden und besteht – wie die Seitenmauern und die dahinterliegende Stützmauer – aus Ziegelsteinen und Flint.

2 Das schlichte helle Pflaster verstärkt den Eindruck von Licht und Geräumigkeit – ein komplizierteres Muster würde unruhig wirken und den Raum verkleinern. Vier symmetrisch arrangierte Töpfe mit bunten Blumen sowie gleiche Bänke auf beiden Seiten tragen zu der ausgewogenen Wirkung bei.

3 In dem zentralen Beet hinter der Stützmauer des Beckens wachsen niedrige Pflanzen und Sträucher, damit die Terrasse nicht zu abgeschlossen wirkt. Auf beiden Seiten befinden sich geschwungene Wege: Links führt eine Treppe nach oben, rechts ein sanft ansteigender Pfad mit einem Belag aus Flintstücken. Über diesen Weg kann auch schweres Gartengerät auf die obere Ebene gebracht werden. Durch die Wahl der Materialien ist eine gewisse Kontinuität zwischen den Ebenen gegeben.

4 Auf der oberen Ebene liegt ein vollkommen anderer Garten, eine Art Rückzugsort aus der etwas nüchternen Atmosphäre der Terrasse. Tatsächlich wäre bei einer Hanglage eine strenge Gestaltung nicht angebracht. Neben einer »Gebirgswiese« liegt ein rustikales offenes Sommerhaus. Die Wiese wird – im Einklang mit dem hügeligen Ambiente – von Pflanzen wie Koniferen und Heidekraut umgeben.

Das Wasserbecken bildet aus der Richtung des Hauses den zentralen Blickpunkt. Ein solches Element ist in jedem Garten dieser Art notwendig, um die kahle Stützmauer aufzulockern.

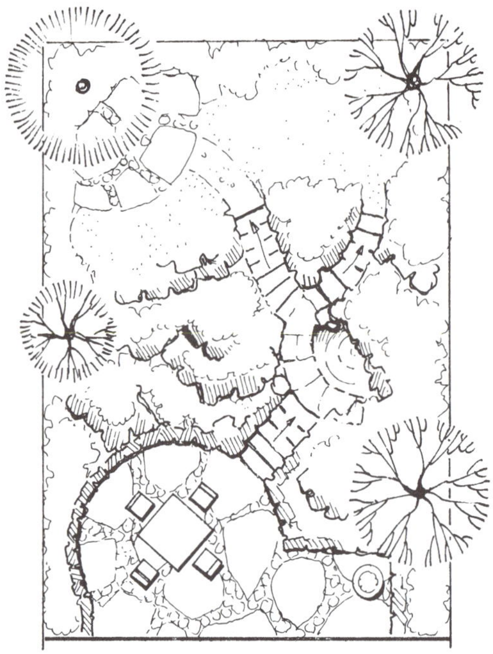

Ein Steingarten
Hier ist die ganze Fläche frei gestaltet worden. Der Garten vermittelt den Eindruck eines steinigen Berghanges, da überall Naturstein verwendet wurde: für das Pflaster, für die Stufen und selbst für die Stützmauer beim Sitzplatz. Sie allein wirkt schon wie ein Steingarten, und dieser Effekt setzt sich durch Steinplatten, zwischen denen alpine Pflanzen und Sträucher wachsen, bis zu dem flacheren wiesenähnlichen Bereich fort. Oben befindet sich ein zweiter Sitzbereich, der von einem Baum geschützt wird.

Das zentrale Element des Gartens ist ein kleiner Teich in einer Felsengrotte, die von der Terrasse über eine Treppe erreichbar ist.

Ein abfallender Garten
Auch ein kleines Grundstück, das vom Haus abfällt, birgt Probleme, will man direkt beim Haus eine ebene Fläche anlegen – je größer die Terrasse, um so höher die Stützmauer und um so steiler der Hang zum darunterliegenden Garten (siehe S. 58). Hier ist die Terrasse recht klein, doch das einfache diagonale Muster der gleichförmigen hellen Pflasterplatten erzeugt den Eindruck von Geräumigkeit, ebenso die runde Fläche, von der aus man den Garten überschauen kann. Ein Geländer über der Stützmauer erlaubt einen Blick über den Garten. Für Kinder ist eine Brüstungsmauer jedoch sicherer.

Die Treppe verläuft in einem Bogen, was nicht nur hübscher aussieht, sondern auch weniger Platz wegnimmt als gerade Stufen. Rechts liegt ein Hochbeet, dessen Stützmauer der Form der Treppe folgt. Sie hat auch eine Funktion als Sichtschutz, denn sie hilft, den Schuppen zu verbergen. Schräg gegenüber von dem Trittstein-Weg liegt ein Blickfang – etwa eine unter einem Baum stehende Statue. Unterhalb der Stützmauer lenken ein hoher immergrüner Baum auf der einen Seite und ein Hochbeet auf der anderen den Blick auf die umliegenden Gärten und das Grundstück darunter.

Links oben: Der Übergang zwischen den beiden Ebenen dieses Hanggartens wirkt in seiner Schlichtheit dramatisch. Es wurden nur wenige, aber außerordentlich große Findlinge verwendet, um den Eindruck eines felsigen Berghanges zu erzeugen. Ein Schirm aus dschungelartigem Laub trennt die Gartenbereiche voneinander. Stufen aus Pflastersteinen und massiven Holzbohlen, die gut mit den Felsen harmonieren, bilden einen sehr dekorativen Weg.

Oben: Wie bei dem Garten gegenüber ist auch hier die kreisrunde Terrasse über geschwungene Stufen erreichbar, die sich aber nicht um den Sitzbereich schmiegen, sondern direkter neben einer flachen Böschung emporführen. Dort wachsen Pflanzen mit hübsch kontrastierenden Formen und Blättern. Blüten setzen einige Farbtupfer.

Die Natursteinstufen der Treppe stehen etwas über die Setzstufen aus Ziegelsteinen hinaus, was nicht nur reizvoll wirkt, sondern die Treppe auch sicherer macht, da die Kanten bei schlechtem Licht besser zu sehen sind.

Bauerngärten

Das Rechteck ist eine gute Form für einen ländlichen Garten, da ein Teil durch Kordons von dem Bereich abgetrennt werden kann, in dem Gemüse wachsen und gelagert werden, wodurch auch Platz für Zierpflanzen entsteht. Diese Art von Garten wirkt leicht etwas unordentlich, da Einjahresblumen, Stauden, Kräuter und Rosen fröhlich durcheinanderwachsen. Hier ermöglicht es eine klare Gestaltung, diese Pflanzen in eine Struktur einzubeziehen, die dem Garten Form gibt, obwohl es so wirkt, als habe sie sich ganz natürlich entwikkelt.

1 Das Pflaster direkt beim Haus verleiht dem Garten eine gewisse Reife, da alte Kopfsteine und Steinplatten verwendet wurden, die ein teppichartiges Muster erzeugen. In den Ritzen wachsen Moos oder Gras, welche den Übergang vom Pflaster zum Rasen weicher machen. Die altmodische romantische Atmosphäre wird durch eine rustikale Laube mit einer Bank verstärkt, über die sich Kletterrosen ranken. Der Lattenzaun – der wiederum seiner rustikalen Wirkung wegen ausgewählt wurde – umschließt den gesamten Garten und ist beim Sitzbereich höher, damit man hier ungestört ist.

2 Der geschwungene Plattenweg ist ein wichtiges strukturgebendes Element, das zwanglos die beiden Enden des Gartens verbindet. Auf halber Länge liegt der Blickpunkt der Anlage – eine Sonnenuhr auf einem Sockel. Der halbrunde Rasen aus Gras oder Kamille hat für das »fröhliche Durcheinander« aus Stauden große Bedeutung, da sie eine grüne Fläche benötigen, um gut zur Geltung zu kommen. In den Beeten stehen ländliche Pflanzen, die scheinbar willkürlich gesetzt wurden – im Idealfall aber keine farblichen Disharmonien erzeugen. Ein Obstbaum in dem größeren Beet und ein Zierbaum im kleineren sorgen für die notwendige Höhe – gut geeignet wären ein Apfel- und ein Fliederbaum.

Ein rustikaler Zaun bildet ein hübsches Fenster zu anderen Teilen des Gartens und eignet sich zudem ausgezeichnet als Stütze für Kletterpflanzen, insbesondere Rosen. Solche Zäune gibt es in vielen Variationen – hier eine Alternative zu dem des Gartens.

3 Auch der Gemüsegarten wirkt vom Hauptbereich aus reizvoll, da man nur flüchtige Blicke durch einen rustikalen Stangenzaun erhascht. In ihm befinden sich ein kleiner Verschlag zum Lagern, eine Regentonne, ein regelmäßiger Plattenweg und eine Bank.

Ein pflegeleichter Garten
Wegen der leichteren Pflege ist die Fläche streng strukturiert worden, wobei gemischte Bauernblumen für eine weichere Wirkung sorgen, ebenso wie das von alten Ziegelsteinen umsäumte Natursteinpflaster.

Der runde zentrale Sitzbereich liegt beim Haus und ist von niedrigen Lavendelhecken eingerahmt. Auf einer Seite befindet sich eine Bank, auf der anderen ein kleiner Teich mit Brunnen. Der Weg ist mit Kies umgeben, der durch teppichbildende Pflanzen wie *Aubretia* aufgelockert wird. Zwei quadratische Pflanzkübel markieren den Eingang einer Pergola, an der Kletterrosen wachsen können.

Am hinteren Ende steht auf einer Pflasterfläche eine Vogeltränke, die von Lavendel umgeben ist. Sie bildet einen Blickpunkt, der mit dem Sitzbereich harmoniert und gleichzeitig dazu ein Gegengewicht bildet. Von dort aus gesehen wird sie durch eine Pergola eingerahmt, die den Eindruck von Weite erzeugt.

LANGE SCHMALE GÄRTEN

Wenn ein Grundstück sehr viel mehr lang als breit ist, besteht die Gefahr, daß der Garten zu einem Korridor wird, den man am liebsten eiligen Schrittes hinter sich lassen möchte. Dem kann man am besten – und oft auch am einfachsten – entgegenwirken, indem man das Grundstück mehr oder minder stark in eine Abfolge unterschiedlicher Bereiche teilt. Diese miteinander verbundenen Teilräume können alle ihren eigenen Charakter und ihre eigene Atmosphäre haben.

Durch klug plazierte Grenzen bewahren Sie die Proportionen der einzelnen Bereiche. Sie ermöglichen Ihnen eine symmetrische Gestaltung, beispielsweise auf Grundlage eines Quadrates oder Kreises. Der aus drei Teilräumen bestehende Garten auf Seite 76 ist auf diese Weise angelegt, während der Familiengarten auf Seite 66/67 in nur einem symmetrischen Bereich – dem Gemüsegarten – endet, welcher durch eine Anzahl freier gestalteter Gartenbereiche zu erreichen ist, die natürlich ineinander übergehen. Eine Gestaltung, die auf einer Reihe geschwungener Konturen beruht (wie es bei mehreren der folgenden Gärten der Fall ist), läßt zusammenhängende Gartenbereiche und runde Formen entstehen, die einen Kontrast zu den harten parallelen Linien der Grundstücksgrenzen bilden.

Wer einen schmalen Garten in verschiedene Bereiche teilt, kann dabei sogar mehrere Probleme lösen. Vielleicht ist es möglich, die »Barrieren« so zu plazieren, daß ein bereits vorhandenes Element wie ein ungeschickt gepflanzter Baum vorteilhaft genutzt werden kann, um ein weniger reizvolles Element (ein Schuppen, ein Telegraphenmast im Garten oder ein häßlicher Ausblick) zu verstecken oder einen Höhenunterschied zu überbrücken, wie in den Gärten auf Seite 70-73.

Verschiedene Stile und Nutzungen

Die Aufeinanderfolge verschiedener Bereiche läßt vielseitig nutzbare und optisch getrennte Räume entstehen – ein Gemüsebeet, ein Glashaus, einen Schuppen, einen Spielbereich für Kinder, eine Wasserfläche, einen Sitz- oder Eßplatz im Freien. Oder Sie bepflanzen die Teilräume in unterschiedlicher Weise und legen hier eine freigestaltete oder halbwilde Ecke an und dort ein eher gestaltetes Beet.

Selbst wenn Sie Unterteilungen schaffen, um dem Korridoreffekt entgegenzuwirken, können Sie für Kontinuität sorgen – zumindest zwischen angrenzenden Bereichen. Eine einheitliche Gestaltung der Wege sorgt für eine schöne Verbindung, während der Verlauf des Weges Bewegung entstehen läßt und Besucher in den Garten lockt. Es ist eine hübsche Idee, eine »Belohnung« oder einen Grund zu schaffen, um durch die Teilräume eines Gartens zu schlendern. So kann man den Besuch des letzten Bereiches durch einen wohlplazierten Blickfang, eine Bank, eine Statue (wie im Gemüsegarten Seite 66/67) oder selbst einen verborgenen Garten (wie auf Seite 76) belohnen.

Natürlich gibt es Alternativen zur Anlage separater Bereiche, die ebenfalls die Enge des Grundstückes kaschieren. Bei dem offenen Garten auf Seite 69 wird der Raum durch wenige sorgfältig plazierte Elemente gegliedert, und das Muster des Pflasters betont die Breite des Weges. Auf Seite 77 wird eine andere Anlage vorgestellt, bei der der Garten entlang der Mittelachse in ganzer Länge sichtbar ist, obwohl es Teilräume gibt. Den dramatischen Höhepunkt bildet hier ein klassisches Element – eine Statue, die als Hintergrund eine dunkle Hecke hat –, doch man geht nicht gerade auf sein Ziel zu, denn der Blick bleibt unterwegs an Rasenflächen und einem Teich mit Springbrunnen haften.

Ein Blick von oben offenbart die extreme Form dieses langen, schmalen Gartens, der von hohen Mauern umschlossen wird. In Bodenhöhe aber wirken alle Gestaltungselemente dem Tunneleffekt entgegen. Hinter der Terrasse, die über die ganze Breite geht, liegt ein asymmetrischer Teich, der – mit der Brücke – die Aufmerksamkeit nach unten lenkt und dem Raum Tiefe verleiht. Der Weg windet sich um Sträucher, die das Ende des Grundstückes den Blicken entziehen; auf diese Weise wirkt er geschickt dem Eindruck zusammenlaufender Parallellinien entgegen.

Familiengärten

Dieser Garten wurde in vier klare Bereiche für verschiedene Nutzungsmöglichkeiten unterteilt, wirkt aber dennoch sehr lebendig und jeder Teil scheint natürlich in den anderen zu fließen. Hier findet sich eine Mischung aus strengen geometrischen Elementen und locker geschwungenen Formen, die sich aber auf getrennte Bereiche beschränken. Der Weg bildet das »Rückgrat« und verbindet die verschiedenen Abschnitte, Stile und Formen.

1 Der Sitzbereich verläuft schräg zu den rechtwinkligen Achsen des Gartens. Die diagonal verlegten Pflasterplatten, die sich im Weg fortsetzen, lassen ein reizvolles Rombenmuster entstehen. Rechts befindet sich eine Grillstelle. Es können Gefäße mit bunten Blumen aufgestellt werden.

2 Ein Teich mit einem Brunnen jenseits des kleinen Rasens bildet den Höhepunkt dieses Erholungsbereiches. Seine erhöhten Ziegelmauern können als Sitzfläche dienen und vorne befindet sich eine Öffnung, damit das Wasser auch von der Terrasse aus sichtbar ist. Die Mauern werden durch auffällige Pflanzen aufgelockert, darunter ein Baum mit hängenden Zweigen wie *Salix caprea pendula* oder *S. purpurea* 'Pendula'.

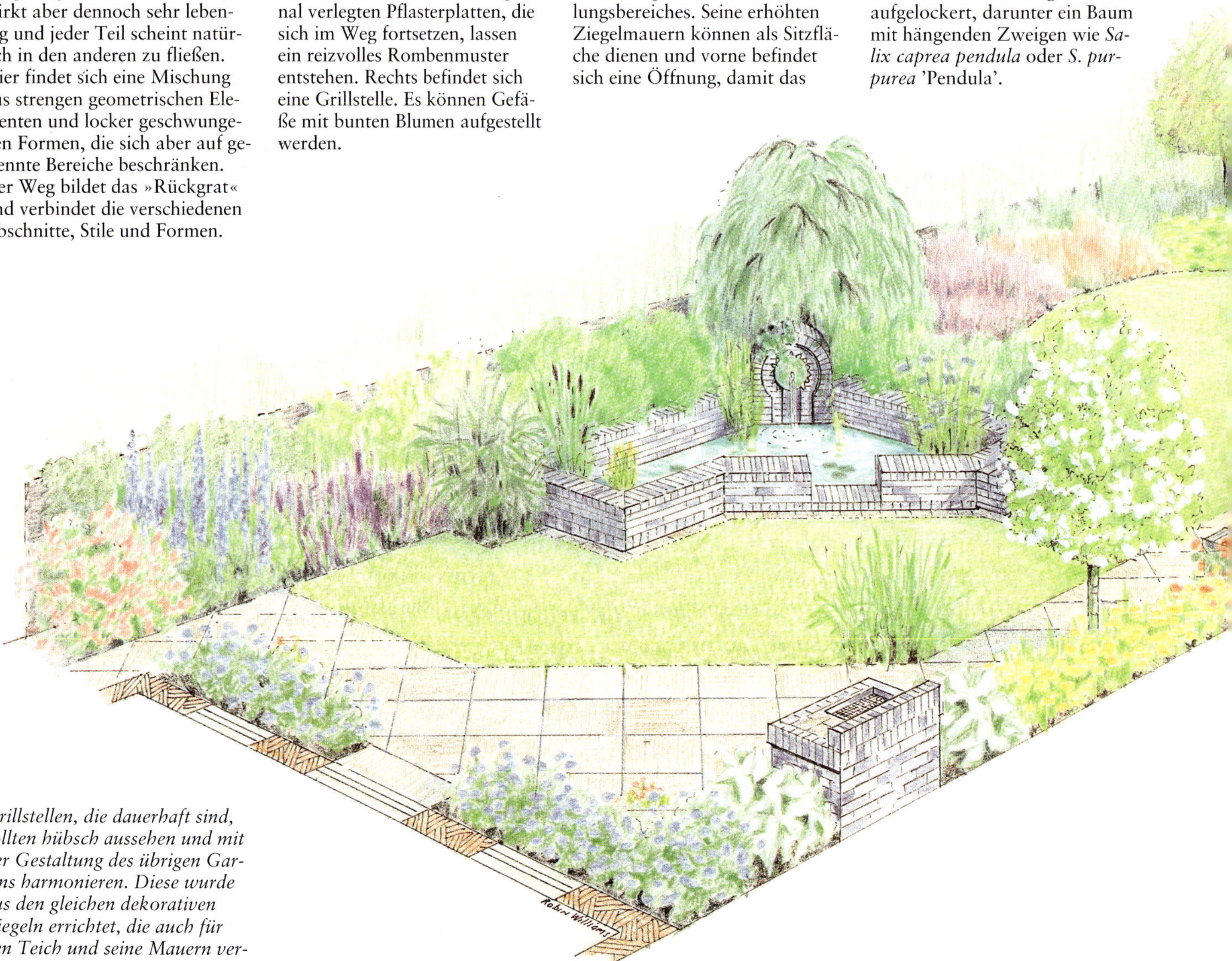

Grillstellen, die dauerhaft sind, sollten hübsch aussehen und mit der Gestaltung des übrigen Gartens harmonieren. Diese wurde aus den gleichen dekorativen Ziegeln errichtet, die auch für den Teich und seine Mauern verwendet wurden.

3 Der Weg führt zu einem zwangloseren Bereich und einem weichen Rasen. Auch sein Material (das Pflaster geht in Kies über) und seine Form verändern sich – er windet sich nun um einen Baum und verschwindet dann hinter einem Beet.

4 Ein erhöhtes Gartenhäuschen blickt über den Spielbereich der Kinder und kann ihnen als »Burg« dienen. Auf dem Rasen steht ein Klettergerüst, das von robusten Sträuchern umgeben ist. Dieser Bereich ist funktionell und zugleich reizvoll durch die vier Bäume an den Ecken und den hübschen Rosenbogen am Ende.

5 Der symmetrische Gemüsegarten ist durch eine immergrüne Hecke vom Spielbereich getrennt. Die Beete werden von einer niedrigen Hecke gesäumt. In der Mitte befindet sich ein Blickpunkt, der vom Spielbereich gesehen durch den Rosenbogen eingerahmt wird.

Ein formaler Garten
Diese asymmetrische Gartenanlage strahlt Ruhe und Schlichtheit aus. Der gepflasterte Sitzbereich mit der langen Bank, die auf den Teich blickt, ist beinahe vollständig umschlossen. Von diesem »Teilraum« aus ist der übrige Garten nur durch eine schmale Lücke in der immergrünen Hecke zu sehen. Sie erlaubt einen flüchtigen Blick auf eine Statue, die vor einem weiter hinten liegenden Teil der Hecke steht und von einem Zierbaum überschattet wird.

Der gepflasterte Weg macht einen scharfen Knick um den Baum, verläuft dann aber bis zum Ende des Gartens gerade. Formale Rabatten rahmen den Bereich ein. Auf einer Seite ragt ein Beet mit einem großen Baum in den Rasen. Kleine Bäume säumen den Weg und lassen eine Allee entstehen, an deren Ende sich eine Bank befindet.

Oben: Selbst die kleinste Wasserfläche verleiht einem Garten eine zusätzliche Dimension. Wie in dem Familiengarten auf den vorangegangenen Seiten macht ein aus Ziegelsteinen gemauerter Teich, der in einer Ecke oder vor einer Wand liegt, das beste aus einem schmalen Grundstück. Bei der Gestaltung kann die Höhe des Hintergrundes durch Pflanzen, einen Brunnen oder wie hier einen Spiegel, der die Wasserfläche optisch vergrößert, genutzt werden.

Rechts: Die Bank bietet einen Platz zum Ausruhen und verhindert, daß ein schmaler Garten wie ein langer Gang wirkt. Mit einer Hecke im Hintergrund flankiert von symmetrischen Beeten, läßt diese Bank auf halber Höhe des Gartens einen Ort der Besinnung entstehen.

Ein frei gestalteter Garten
Dieser Garten wurde auf einfache Weise in zwei Bereiche geteilt. Das hintere Ende ist als Spielbereich vorgesehen. Es ist eine rechteckige Grasfläche mit einem Apfelbaum, unter dem eine Bank steht.

Im Gegensatz dazu befinden sich in dem größeren Bereich zum Haus hin mehrere Beete, ein runder Sitzplatz, ein gewundener Weg und eine ovale Rasenfläche. Hier geht die Gestaltung absichtlich gegen die durch die Grundstücksgrenzen vorgegebenen rechtwinkligen Linien an. Die schräge Rasenfläche sorgt dafür, daß die umliegenden Rabatten alle unterschiedliche Formen haben. In der größten ist die Bepflanzung gestaffelt – am Weg befinden sich niedrige Pflanzen, doch zu einem großen blühenden Baum hin werden sie immer höher. Unter einem zweiten Baum hinten rechts steht eine zum Rasen gewandte Bank.

Während die sechseckigen Platten des Sitzbereiches eher statisch wirken, erzeugt der gewundene Weg Bewegung. Er endet an einem Blickpunkt vor einer immergrünen Hecke. Diese bildet vor dem eher schmucklosen hinteren Gartenbereich eine Sichtschranke. Ein Teil ist aber versetzt, so daß sie den Durchgang zur dahinterliegenden Fläche erlaubt und andeutet, daß der Garten noch weitergeht.

Ein offener Garten
In diesem streng angelegten, symmetrischen Garten gibt es keine Teilräume, sondern es dominiert ein offener, ebenmäßiger und ausgewogener Eindruck. Von der Terrasse mit ihrem regelmäßigen Pflaster und den symmetrisch aufgestellten Blumenkübeln führt ein Weg die Hauptachse entlang hinunter zum Ende des Gartens. Am Schnittpunkt mit der Querachse befindet sich auf einer runden Pflasterfläche ein Blickfang wie etwa eine Sonnenuhr, der von niedrigen Buchshecken gesäumt wird. Zu beiden Seiten stehen Steinbänke.

Von hier aus ist der Weg von sechs Holzobelisken eingerahmt. Er führt zu einer immergrünen Hecke, die eine gerundete Bank umgibt – der Blickpunkt am Ende des Gartens. Links und rechts wachsen zwei gleiche Zierbäume wie schon weiter vorn. Trotz seiner Länge wirkt der Weg nicht schmal: Die Fugen sind bewußt versetzt, um den Eindruck von Breite entstehen zu lassen, den das umliegende Gras betont.

Ein formaler Garten

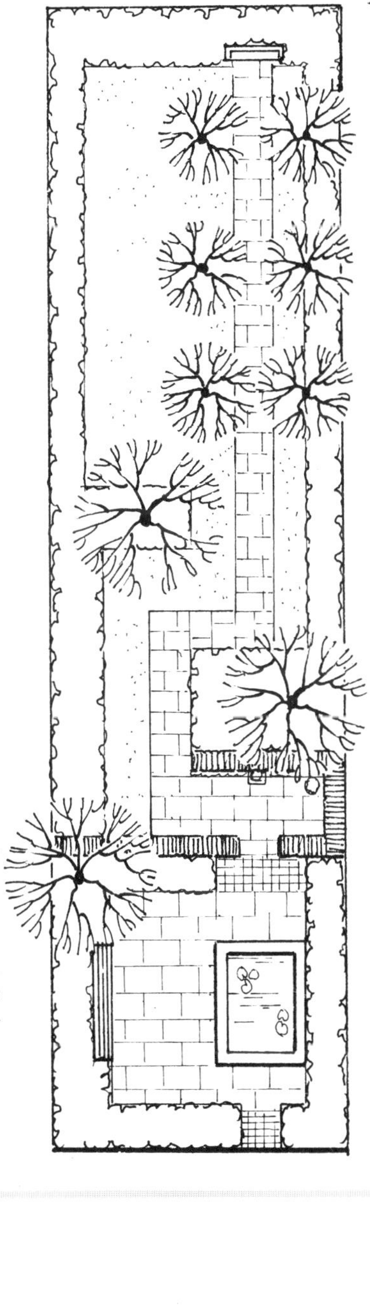

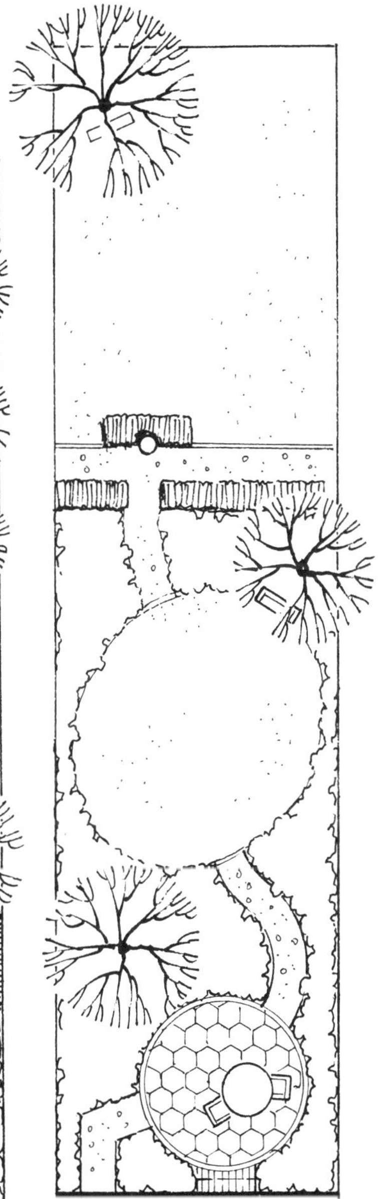

Ein frei gestalteter Garten

Ein offener Garten

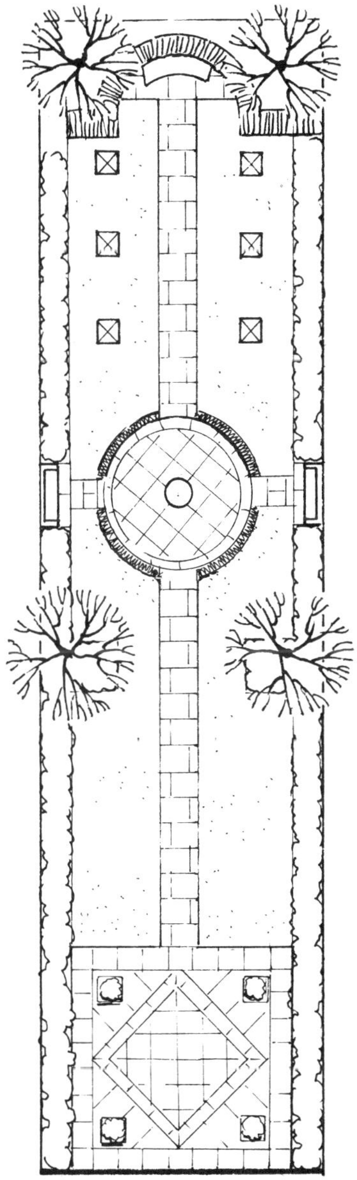

Gärten in Hanglage

Ein Wandbrunnen ist sehr nützlich, wenn Sie Wasser einbeziehen, aber keinen Platz für einen Teich verschwenden wollen. Bei diesem hübschen Tonbrunnen plätschert das Wasser in ein Becken und wird dann mit Hilfe einer kleinen Unterwasserpumpe über eine verborgene Leitung zurück in Pans Mund befördert.

Da dieses Grundstück bergab führt, kann man den Garten trotz seiner Länge von der Terrasse aus ganz sehen, und deshalb ist es wichtig, daß er eine schöne Gesamtwirkung hat. Dank der geschwungenen Linien schweift der Blick langsam durch den Garten, statt sofort zum Ende zu gehen. Es sind drei verschiedene Bereiche entstanden, in denen sich der Stil allmählich wandelt. Sie bilden jedoch keine Teilräume, sondern sind miteinander verbunden. Überall wurden Natursteinplatten verwendet, die für eine gewisse Kontinuität sorgen.

1 Die Terrasse, auf der man hauptsächlich sitzt, wirkt mit ihrem Belag aus Natursteinplatten und Ziegelsteinen recht nüchtern und streng. Auf einer Seite befindet sich eine Bank, auf der anderen bildet ein Mauerbrunnen ein Gegengewicht. Bunte Blumen dienen als Farbtupfer. Die Terrasse ist von einem gußeisernen Geländer umgeben, das für Sicherheit sorgt.

2 Breite steinerne Stufen führen in einem anmutigen Bogen hinab auf die zweite Ebene. Sie werden von Steinmauern mit einer Ziegelkappe gesäumt, die – wie die Ziegelränder der beiden halbrunden Stufen – eine Verbindung zur Terrasse herstellen. Die Treppe umschließt teilweise ein Hochbeet, in dem sonnenliebende Pflanzen wachsen. In der unteren Mauer befindet sich eine Nische mit einer Skulptur, die man bei der Rückkehr aus dem Garten entdeckt.

3 Unter einer Pergola mit einer immergrünen Kletterpflanze, etwa einem Efeu, steht eine Bank, die über eine helle Rasenfläche und ein Blumenbeet mit zwei kleinen Bäumen an beiden Enden blickt. Wegen der freieren Gestaltung dieses Bereiches sind Pflaster und Treppe hier nicht mehr mit Ziegeln eingefaßt.

4 Eine niedrige Steinbank bildet den Blickpunkt am Ende des Gartens, wie man ihn vom Haus aus sieht. Sie steht in einem abgeschlossenen, schattigen Bereich mit üppiger Bepflanzung. Von der offenen, strengen Terrasse aus scheint dies eine vollkommen andere Welt, obwohl sich die natürlich geformten Steine wie ein Band durch den Garten ziehen und beide Seiten miteinander verbinden. Die Bank blickt auf einen kleinen Teich, der von Naturstein umgeben ist, und eine Steintreppe rechts.

Oben: Naturstein ist das ideale Material für Stufen, und er harmoniert mit vielen architektonischen und gestalterischen Stilen. In einem natürlich angelegten Bereich, wie dem unteren Teil des Gartens auf Seite 70–71, scheinen die Steinstufen zur Landschaft zu gehören. Vor allem dort, wo ein Hang in einen Steingarten verwandelt wurde, bilden die glatten Platten einen Kontrast zu den soliden Formen der Felsbrocken, wahren aber gleichzeitig die Einheit.

Rechts: Dieser Weg führt gemächlich durch einen sanft abfallenden Garten (statt den Besucher abrupt von einer Geländestufe zur anderen zu befördern). Die breiten Trittflächen erlauben es, zu verweilen, um in Ruhe die Pflanzen auf beiden Seiten zu betrachten. Das Muster der Pflastersteine lenkt die Aufmerksamkeit nicht ab.

Ein Garten mit verschiedenen Ebenen

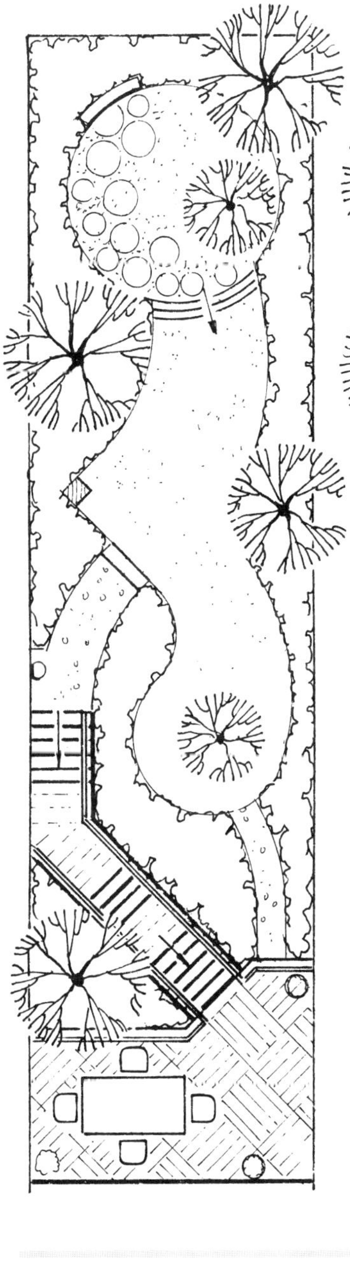

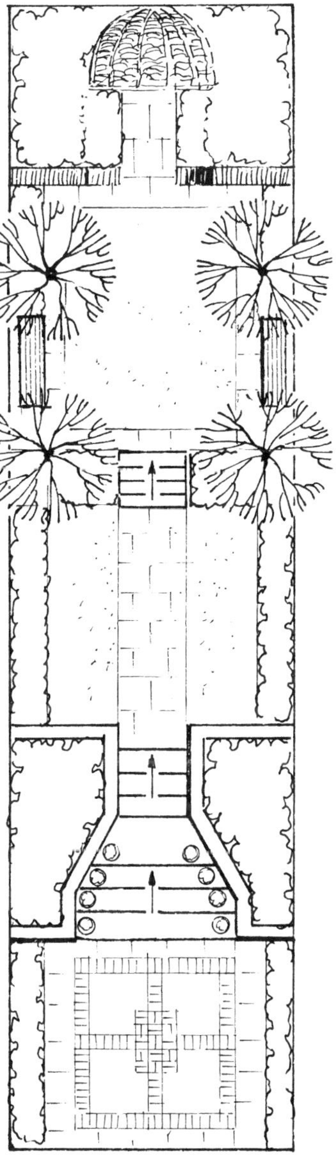

Ein ansteigender Garten

Ein Garten mit verschiedenen Ebenen

Diese Gestaltung nutzt die verschiedenen Ebenen des Hanges aus, wobei die Höhendifferenz zwischen beiden Enden des Gartens durch eine erhöhte Holzplattform noch unterstrichen wird. Holzstufen und Absätze führen hinunter zu einem Kiesweg und der zentralen Rasenfläche. Von hier werden die unterschiedlichen Ebenen erneut betont, da man erkennt, daß Bepflanzung und Kies jenseits der Stufen weitergehen.

Die Form des Rasens wird weitgehend durch die Bäume bestimmt – unter ihnen ein großer Baum direkt im Rasen, – um die er herumführt. Eine moderne Statue in einem spitzen Winkel bildet den Blickpunkt im mittleren Bereich.

Geschwungene Stufen führen zum niedrigsten Bereich des Gartens, der – wie in vielen Hanggärten – eher naß ist. Feuchtigkeitsliebende Pflanzen umgeben eine runde Sumpffläche mit Trittsteinen, neben der eine Bank steht.

Ein ansteigender Garten

Hier wurde das Grundstück in zwei Teilräume getrennt, die beide streng angelegt sind. Durch den Hang bleiben die oberen Ebenen verborgen, aber die symmetrische Gestaltung jedes Bereiches gibt dem Garten eine Richtung und führt den Besucher direkt an sein Ende.

Die mit Ziegelsteinen gepflasterte Fläche beim Haus ist vollkommen frei und erzeugt – obwohl vollständig eingeschlossen – einen geräumigen Eindruck. Weite Stufen machen diesen schmalen Garten breiter und werden von Pflanzgefäßen auf jeder Stufe aufgeheitert.

Die Stufen, die von Hochbeeten mit niedrigen und Trockenheit liebenden Pflanzen gesäumt werden, führen zu dem eigentlichen Blumengarten, wo neben dem breiten gepflasterten Weg Stauden und Kletterpflanzen wachsen. Weitere Stufen führen zu einem Bereich der Ruhe und Besinnung, auf dem Bänke zu beiden Seiten einer quadratischen Rasenfläche von vier Bäumen eingerahmt werden.

Letzte Station des Gartenausfluges ist ein reizendes Sommerhäuschen aus Weiden- oder Haselruten, das mit Rosen und Geißblatt überwuchert und von belaubten Pflanzen umgeben ist. Durch eine niedrige immergrüne Hecke und einen Weg getrennt, verleiht es dem Garten eine romantische Note.

Extrem schmale Gärten

In einem Garten, der verhältnismäßig schmal ist, gilt es zu verhindern, daß er zu einem bloßen Durchgang wird. Dieser Garten ist durch eine weiche und doch sehr formale Gestaltung in Bereiche unterteilt, die nicht einsehbar sind. Zudem dient er als »Ausstellungsraum« für Skulpturen, die an abgeschiedenen Stellen plaziert sind, so daß man sie einzeln bewundern kann. Nach Einbruch der Dunkelheit werden Statuen wie auch Terrasse von Lampen beleuchtet. Hohe immergrüne Eiben- oder Zypressenhecken geben dem Garten eine klare Struktur, müssen aber regelmäßig und sorgfältig geschnitten werden. Abgesehen davon ist der Garten leicht zu pflegen.

1 Die sonnige Terrasse direkt beim Haus bildet den eigentlichen Sitzbereich. Die Pflastersteine sind in einem reizvollen »Schuppenmuster« verlegt – ein sanft formales Element, das noch weiter aufgelockert wird, wenn sich in den Ritzen Moos ansiedelt. Auf der Terrasse stehen ein gekachelter Tisch, Töpfe mit belaubten Pflanzen und Kübel, in denen zu Kugeln geschnittene Bäumchen wachsen. Damit diese Pflanzen das ganze Jahr hübsch aussehen, können immergrüne Arten wie Buchsbaum oder Lorbeer verwendet werden, in wärmeren Lagen auch Margaritenbäumchen *(Chrysanthemum frutescens)*. Holzflechtzäune lassen einen interessanten und warmen Rahmen entstehen.

2 Auch der Weg besteht aus Pflastersteinen, hier mit einem geometrischen Muster, dessen prägnante Linien den Besucher führen und zusammen mit einer kleinen Stufe die Terrasse optisch abtrennen. Hinter einer Hecke und einem Baum findet sich die erste »Überraschung« des Gartens – ein Wasserbecken mit einem Wasserspeier.

3 Die Hecke verstärkt den labyrinthartigen Eindruck, da der Weg eine scharfe Biegung machen muß. Auf einer Seite steht eine Statue, die einen Blickpunkt bildet, auf der anderen befindet sich ein dekorativer Stuhl, der als Sitzplatz und Blickfang für den Rückweg dient. Vom Stuhl aus blickt man auf einen Holzbogen – dem Eingang zum hintersten Bereich –, der die Sicht in beiden Richtungen einrahmt. Auch hier dient die Hecke als Hintergrund für eine Skulptur, die man erst bemerkt, wenn man um die Ecke gekommen ist.

4 Der verborgene Garten ist fast ganz von einer hohen Hecke umgeben und eine perfekte Oase der Ruhe und des Friedens. Eine schlichte Bank weist über den weichen Rasen oder andere immergrüne Bodendecker (Pflaster würde zu kalt wirken) zu einer weiteren Skulptur. Zu ihrer Seite stehen Pflanzkübel, die zu denen auf der Terrasse passen.

Ein dekorativer Stuhl im gotischen oder viktorianischen Stil ist ein schöner wie funktioneller Höhepunkt. Er sollte den Hintergrund ergänzen, – Eiche beispielsweise bleicht zu einem geisterhaften Grau aus oder kann mattgrün oder -blau gestrichen werden, um mit den Heckenpflanzen zu harmonieren.

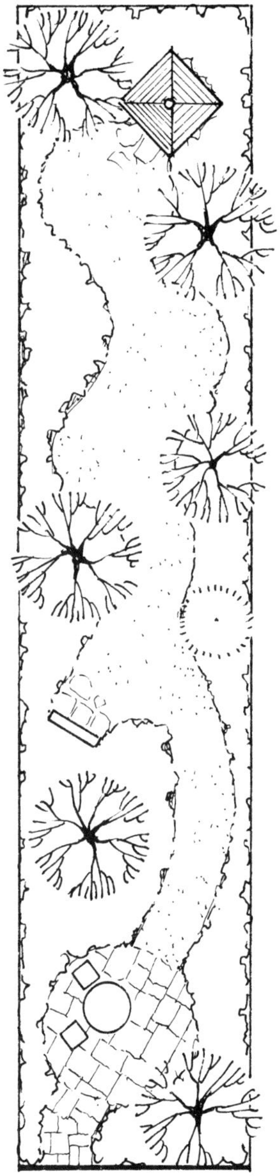

Ein frei gestalteter Garten
Diese schlichte freie Gestaltungsweise behandelt den Garten als einen Raum. Sanft geschwungene Formen und geschickt plazierte Bäume ziehen den Blick an verschiedenen Punkten auf sich. Reizvoll ist, daß der Garten von keinem Punkt aus ganz zu sehen ist.

Der Sitzbereich nahe beim Haus mit seinem unregelmäßigen Natursteinpflaster ist rund und wiederholt die geschwungene Form des Rasenweges, der sich um Bäume und Sträucher windet. Dieser Weg ist das wichtigste Element des Gartens, denn er verbindet die verschiedenen Bereiche. Zunächst führt er rechts um einen Baum, dessen Winterblüten man vom Haus aus bewundern kann, zu einem Überraschungselement – einer versteckten Bank. Sie schaut zu einer Konifere, die den Zaun optisch auflockert.

Dann wird die Grasfläche breiter, und am Ende wiederholt sich die runde Form des Sitzbereiches. Erst beim Erreichen dieses letzten Teiles entdeckt man ein Sommerhäuschen, das in der Ecke steht und von Bäumen zu beiden Seiten überschattet wird.

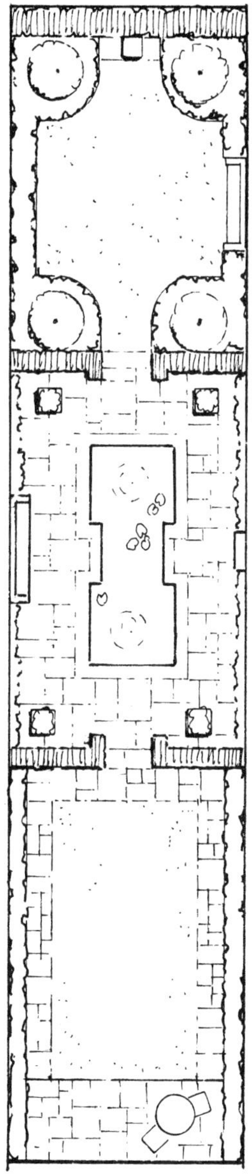

Ein Garten mit Teilräumen
Hier erlaubt die strenge Gestaltung einen Durchblick von einem Ende des Gartens zum anderen. Sie betont seine Länge, aber durch die Teilung in drei getrennte Räume und die Plazierung von Teich und Brunnen in der Mitte wirkt er nicht wie ein langer Gang.

Direkt beim Haus liegt ein Bereich mit einer gepflasterten Terrasse und einem Rasen zum Spielen. Er wird durch bunte Blumen und Kletterpflanzen belebt, die in schmalen Beeten zu beiden Seiten wachsen.

Den Blickpunkt des Gartens bildet ein Wasserbecken mit einem Brunnen auf jeder Seite. Er hat die reizvolle Form eines Hammerkopfes – ein langes Rechteck würde die Länge des Gartens zu stark betonen. In Höhe der schmaleren Mitte befindet sich eine Bank, die zu einer dekorativen Wandplatte gegenüber blickt. Dieser mittlere Bereich ist durchgängig gepflastert, mit Ausnahme einiger Aussparungen für Kletterpflanzen. Immergrüne hohe Formhecken trennen ihn von den anderen Bereichen. In den Ecken stehen vier Pflanzkübel mit geschnittenen Buchs- oder Lorbeerbäumchen, die die geometrische Gestaltung unterstreichen.

Auch der letzte Bereich ist vollkommen symmetrisch gestaltet, doch ein Teppich aus Gras und Rabatten mit duftenden Sträuchern und anderen Pflanzen lockern die Atmosphäre auf. Hier liegt eine Bank im Schatten, wenn die beim Teich Sonne erhält (und umgekehrt). Eine Statue vor einer dunklen Hecke ist der Blickfang am Ende des Gartens – ein dramatisches Element, das sich vom vorderen Bereich gesehen im Wasser spiegelt.

Dieses lange, schmale Grundstück wurde in mehrere Abschnitte unterteilt, da die symmetrisch angelegten kleinen Räume intimer und geschlossener wirken. Der gerade Weg wird zuerst durch eine runde Pflasterfläche unterbrochen, die die parallelen Hecken optisch nach außen schiebt und den Garten breiter erscheinen läßt, und anschließend durch einen steinernen Brunnen, um den er sich herumwindet.

Obgleich es sich um eine strenge Anlage handelt, wird der starre Eindruck durch die geschwungenen Konturen der Pflanzungen und in Form geschnittenen Hekken (insbesondere der niedrigen Buchshecken) gemildert. Selbst die mauvefarbenen Blütenköpfe des Zierlauchs scheinen das Thema der runden Formen weiterzuführen.

GROSSE RECHTECKIGE GÄRTEN

Es gibt viele Möglichkeiten, einen großen rechteckigen Garten in kleinere Teilräume zu gliedern, um eine heimelige Atmosphäre zu erzeugen. Diese Teilräume können durch Barrieren abgegrenzt und für bestimmte Aktivitäten genutzt werden – etwa den Anbau von Obst und Gemüse, spielende Kinder oder ein Schwimmbecken – oder, etwa in einem frei gestalteten Ziergarten, lediglich locker getrennt sein.

Der Raum läßt sich auf unendlich viele Weisen gliedern. So können Sie der Gestaltung einen offenen Bereich in der Mitte mit einer ausgedehnten Wasser- oder Rasenfläche zugrundelegen. Sie können sich für eine streng geometrische Anlage entscheiden, wie beispielsweise auf Seite 84/85 oder 87. Viel Platz bietet – selbst in bebautem Gebiet – auch die Möglichkeit für eine freie natürliche Gestaltung mit dicht gepflanzten Bäumen und Sträuchern, die die künstlichen Grenzen verstecken und Sie vor den Blicken der Nachbarn schützen. Die Gestaltung auf Seite 88/89 präsentiert die sorgfältigen Überlegungen zu einem Garten, der sich natürlich entwickelt zu haben scheint.

Große Gärten ermöglichen es oft, alternative Sitzbereiche in Sonne und Schatten anzulegen, während man in kleinen Gärten aus allem das Beste machen muß.

Empfindliche Pflanzen gedeihen gut in einer besonders geschützten Ecke oder vor einer sonnigen Wand, während nicht weit von ihnen entfernt schattenliebende Arten unter dem Baldachin einiger Sträucher und Bäume wachsen, die einen Miniaturwald entstehen lassen. Eine offene Fläche abseits der Bäume ist der ideale Standort für einen Teich, an dessen Rand sich feuchtigkeitsliebende Pflanzen finden, die in der Natur in der Zone zwischen Wasser und trockenem Boden heimisch sind.

Teilung des Gartens

Einzelne Bereiche können durch Zäune, Spaliere oder formale Pflanzungen abgetrennt werden wie eine dichte Hecke, offenere Obstspaliere oder eine rosenbewachsene Pergola, doch auch nur angedeutete Grenzen können ebenso wirkungsvoll sein. Sie können Sträucher und Bäume frei pflanzen, um eine Art von Schirm entstehen zu lassen, der dem Besucher anzeigt, daß er nun in einen anderen Teil des Gartens kommt. Ein Rasen wie auf Seite 83, der an einer Stelle, wo Rabatten vortreten, nach innen geht und dann wieder nach außen, erzeugt sofort den optischen Eindruck von zwei getrennten, aber verbundenen Bereichen. Ein solcher Rasen läßt den Garten sogar größer erscheinen, da er nicht ganz sichtbar ist, und die verborgenen Ecken zur Erforschung einladen.

Teilräume können auch durch die Nutzung natürlicher Höhenunterschiede entstehen, oder indem Bereiche künstlich höhergelegt werden, etwa durch eine Plattform. Eine weitere Möglichkeit, um zu ebener Erde einen neuen Bereich anzudeuten, wäre der Übergang von einem gepflegten Rasen zu einer höheren Wiese. Ein Streifen mit längerem Gras – in dem vielleicht eingebürgerte Zwiebelblumen wachsen – stellt eine schöne Verbindung zwischen dem strengeren Garten und freieren Strauchpflanzungen her.

Achten Sie aber sorgfältig darauf, daß Sie bei einem großen Garten nicht durch eine zu starke Aufteilung die Einheit zerstören. Dafür können Sie in verschiedenen Bereichen dieselben Pflanzen oder Materialien benutzen – Wege, die gleich gestaltet oder aus einem Material sind, lassen sowohl eine ästhetische als auch physische Verbindung zwischen zwei getrennten Bereichen entstehen. Je größer ein Garten, um so wichtiger ist es, daß einige – sowohl optische als auch praktische – Elemente vorhanden sind, die die Fläche als eine Einheit erscheinen lassen.

Flächen mit verschiedenartiger Bepflanzung unterteilen den großen Garten zwanglos. Dieses Grundstück hat den Vorteil, daß ein Bach hindurchfließt, an dessen Ränder naturnahe Pflanzengruppen aus feuchtigkeitsliebenden Arten gesetzt wurden. Der gewundene Pfad und die Brücken lassen eine feste Struktur entstehen und die großzügige Rasenfläche bildet einen Gegenpol zu den üppigen Pflanzen am Wasser. Eine Gruppe aus robusten Immergrünen rundet die Gestaltung optisch ab.

Familiengärten

Dieser Garten ist fast doppelt so lang wie breit, und die Hauptachse verläuft von oben nach unten. Zum Ende hin wird er schmaler, was typisch für viele Grundstücke ist, die in einer Straßenkurve liegen. Durch die Form des in der Mitte gelegenen Rasens wirkt der Garten breiter, und seine großzügig geschwungenen Linien verstärken den Eindruck von Geräumigkeit. Insgesamt strahlt er eine Atmosphäre gelassener Heiterkeit aus.

1 Der Weg ist das Element, welches die verschiedenen Bereiche des Gartens verbindet. Er windet sich, dem sanft geschwungenen Rasen folgend, von einem Sitzbereich zum anderen. Zwei identische Bäume, etwa *Robinia pseudoacacia,* lassen nahe der Terrasse einen natürlichen Durchgang entstehen. Eine Lükke in der Rabatte erlaubt einen Blick zurück zum Haus, dann führt der Weg durch einen Schattenbereich und um den Zierteich herum, der von einer Bank aus genossen werden kann. Sie liegt in der Sonne, wenn sich die Terrasse im Schatten befindet und umgekehrt. Eine Wegabzweigung führt zu einem Gartenschuppen.

2 Die Terrasse erreicht man vom Haus über eine Stufe, deren Ziegelkante eine klare optische Verbindung zum Haus herstellt. Ihre Konturen folgen dem Rasen, und sie besteht aus Natursteinplatten, die willkürlich verlegt und mit regelmäßigen Ziegelsteinen eingefaßt wurden. Die Terrasse bietet viel Platz für Entspannung und Geselligkeit. An der Seite befindet sich eine Grillstelle vor einem Hochbeet, welches sie – neben den verwendeten Materialien – in den übrigen Garten einbezieht. Von der Terrasse aus gibt es zwei Blickfänge – den Teich geradeaus und eine Vase oder Skulptur links, die sich in das Laub der Rabatte schmiegt.

3 Der Rasen läßt durch seine überlegt eingesetzten Rundungen den Garten breiter wirken. Er wird von Bäumen und gemischten Rabatten umgeben. Ein großer immergrüner Strauch wurde so plaziert, daß er den Gartenschuppen versteckt. Ein Pflanzkübel direkt bei der Terrasse mildert den Übergang von der Rabatte zur befestigten Fläche.

4 Der Zierteich bildet den Höhepunkt des Gartens, und ist von beiden Enden und mehreren Stellen des Weges sichtbar. In seiner Mitte befindet sich ein Springbrunnen und einige Wasserpflanzen verleihen ihm zusätzlichen Reiz. Die Ziegeleinfassung verbindet ihn optisch mit der Terrasse und schließt mit dem Rasen ab, was das Mähen erleichtert.

Wie dieser pflegeleichte Garten zeigt, kann Kies eine schöne Alternative zu Rasen sein. Auch glatte Kiesflächen können durch einzelne Trittsteine Gestalt und Reiz erhalten, darüber hinaus lenken sie den Blick und die Schritte in die gewünschte Richtung. Kies hat gegenüber Rasen den Vorteil, daß er auch in abstrakter, moderner gestalteten Gärten hübsch aussieht. Als Hintergrund für Pflanzen wie Gräser und Bambus läßt Kies eine typisch fernöstliche Atmosphäre entstehen.

Ein pflegeleichter Garten
Bei diesem ähnlich geformten Grundstück fehlt der Zierteich, und die Terrasse ist zu einer runden Fläche geworden, die sich in den Rasen hineinschiebt. In einer schattigen Ecke ist ein zweiter, kleinerer Sitzbereich entstanden.

Gemischte Rabatten umgeben weite Teile der Terrasse, nur die Öffnung vorn erlaubt es, den Blick zum Ende des Gartens wandern zu lassen, der jetzt von einem großen Baum und mehreren Sträuchern dominiert wird. Auch diese Pflanzen wachsen in den Rasen hinein und verringern die für seine Pflege erforderliche Zeit.

Die ausgedehnteren Wege führen zu einem kleineren Sitzbereich und gehören zum Konzept dieses pflegeleichten Gartens. Für sie wurden unterschiedliche Materialien – Platten und Kies – verwendet. Die Platten liegen vertieft im Rasen, um das Mähen einfacher zu machen, und Kies ist von Natur aus pflegeleicht, da sich Unkraut problemlos entfernen läßt.

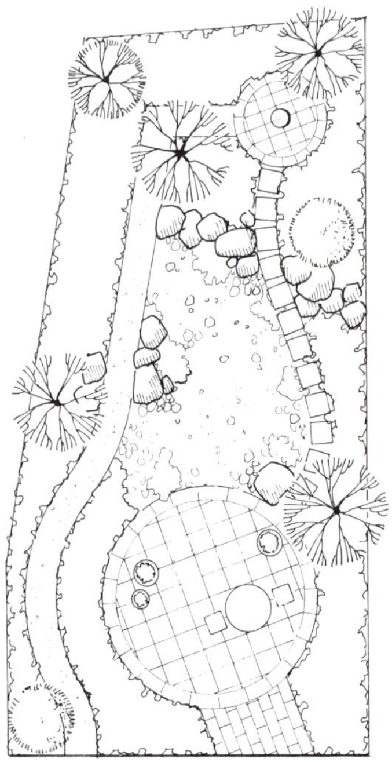

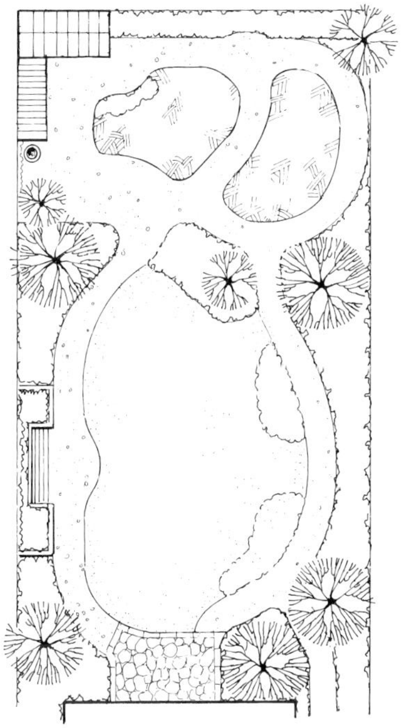

Ein Garten mit bequemem Zugang
Dieser rechteckige Garten wurde für eine Familie angelegt, bei der ein Mitglied an den Rollstuhl gefesselt ist. Wichtigstes Element ist wiederum ein ebener Weg, auf dem ungewaschener Kies eine kompakte Oberfläche bildet. Da Ecken für Rollstuhlfahrer Hindernisse darstellen, verläuft der Weg in sanften Kurven und läßt dabei eine weiche lockere Gliederung entstehen.

Von der Natursteinterrasse aus führt der Weg auf einer Seite an der großen offenen Rasenfläche entlang. Auf halber Höhe befindet sich ein Hochbeet, das eine Bank einrahmt. Hier verbreitert sich der Weg zu einer halbrunden Fläche, wo mehrere Leute und auch ein Rollstuhl Platz haben.

Dann führt der Weg durch Bäume und Sträucher, die den Gemüsegarten verbergen. Hier finden sich ein Glashaus, ein Schuppen, Obst, Schnittblumen, Kräuter und Gemüse. Beim Rückweg zum Haus verhindern hohe Sträucher in Beeten die Sicht auf den Rasen, lassen aber eine Reihe von »Fenstern« entstehen, durch die man einen Blick erhaschen kann.

Ein frei gestalteter Garten
Die regelmäßige Form dieses Grundstückes wird durch fließende runde Konturen kaschiert. In den Rasen im mittleren Bereich schieben sich die umliegenden Rabatten auf recht dramatische Weise hinein und werden an verschiedenen Stellen immer wieder schmaler oder breiter, so daß von jedem Punkt aus stets einige Bereiche nicht sichtbar sind. In einer der vorderen Ecken befindet sich eine große Natursteinterrasse, die über Rasen und Teich blickt. Der sich in die Strauchrabatte schmiegende Teich scheint – je nach Blickwinkel – unterschiedliche Formen zu haben und ist selten vollständig zu sehen. Weiter hinten im Garten winden sich Torf- oder Rindenwege verführerisch durch Bereiche, die durch Bäume und Sträucher verborgen sind. Am Ende befindet sich ein naturnaherer Bereich, wo das Gras seltener gemäht wird und allmählich in die umliegenden Rabatten übergeht.

Wassergärten

Wo Wasser das zentrale Element in einem Garten bildet, entsteht immer eine Atmosphäre von Ruhe und Frieden, und dies gilt auch für diesen Garten. Er ist mit klaren Linien und geometrischen Formen gestaltet und wirkt dennoch hell, offen und edel. Reizvoll ist, daß der Garten in Bereiche unterteilt ist, die einen sehr unterschiedlichen Eindruck vermitteln. Auf der ganzen Fläche wiederholt sich das Kreismotiv, das dem Garten zusammen mit den kontinuierlich verwendeten Materialien für Pflaster und Mauern seine Einheit verleiht.

1 Die Terrasse direkt beim Haus ist der eigentliche Sitzbereich. Ihr Pflaster besteht aus Ziegelsteinen und regelmäßigen Platten, die in der Mitte in einem Kreismuster verlegt sind. Auf beiden Seiten führen Stufen hinab zu einer tieferen Pflasterfläche, rechts bildet eine Büste auf einem Sockel einen zweiten Blickpunkt. Geradeaus schaut man über den Teich. Die Mauern am Ende der Terrasse wurden so gestaltet, daß sie das Auge hinab in den Teich führen und diesen Anblick einrahmen.

2 Das rechteckige Becken ist von der Terrasse aus nicht sichtbar. Es wird durch zwei leise plätschernde Brunnen in der Mauer gespeist. Selbst die Wasserpflanzen sind symmetrisch angeordnet. Zu beiden Seiten befindet sich ein breiter gepflasterter Weg und symmetrisch gepflanzte kleine Bäume säumen die Wege und rahmen den Teich ein. In der Ziegelmauer ist eine runde Öffnung, durch die das Wasser hindurchfließt. Dieser großartige Blickfang rahmt gleichzeitig den dahinterliegenden Bereich ein.

Die anmutige runde Öffnung in der Mauer bildet vom hinteren Ende dieses Gartens gesehen einen reizvollen Höhepunkt, der Hauptteich, Brunnen und das dahinterliegende Haus einrahmt und gleichzeitig Hintergrund für den kleinen Wasserfall ist.

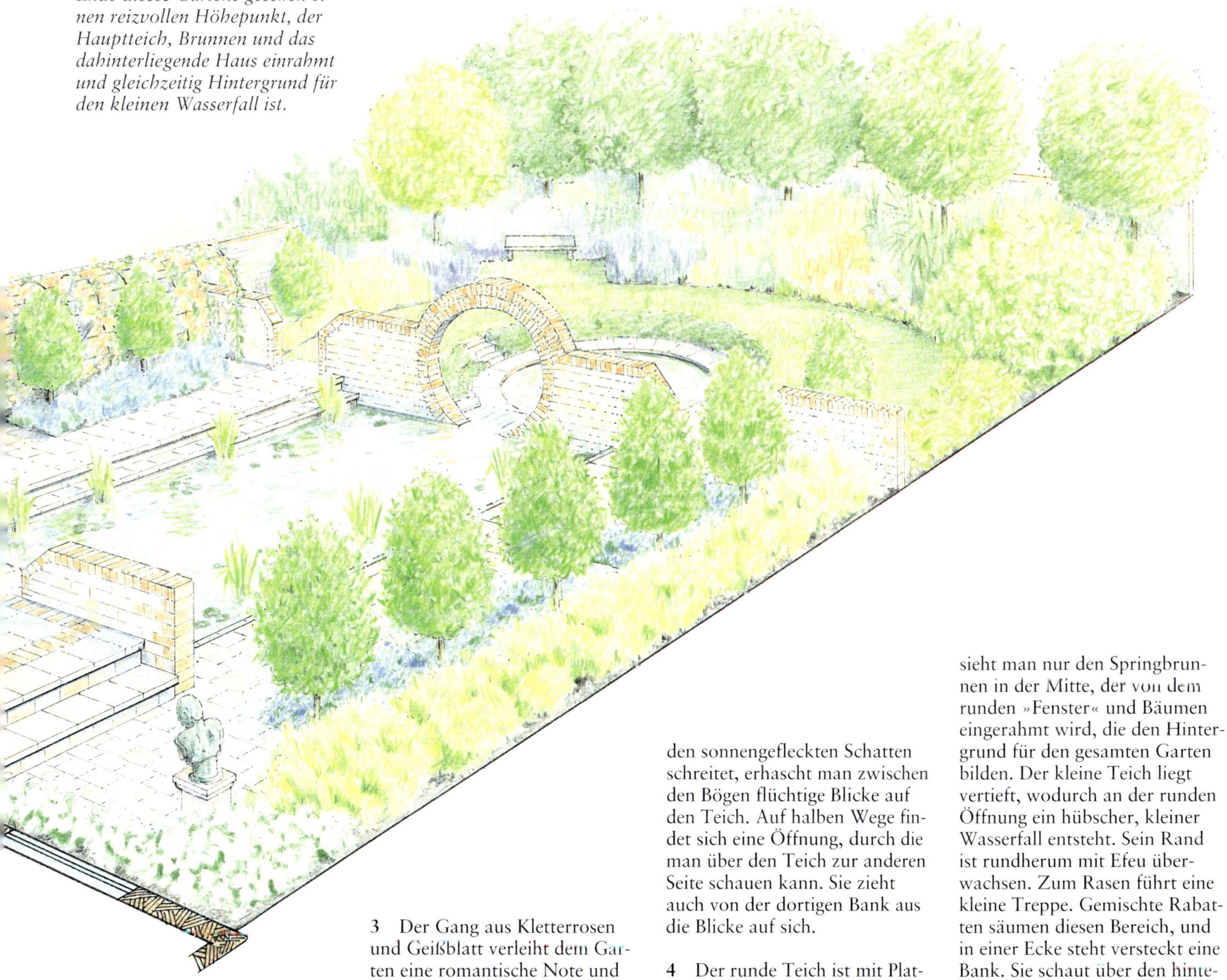

3 Der Gang aus Kletterrosen und Geißblatt verleiht dem Garten eine romantische Note und bildet einen reizvollen Kontrast. Am hinteren Ende dient eine dekorative Wandplatte als Blickfang und während man durch den sonnengefleckten Schatten schreitet, erhascht man zwischen den Bögen flüchtige Blicke auf den Teich. Auf halben Wege findet sich eine Öffnung, durch die man über den Teich zur anderen Seite schauen kann. Sie zieht auch von der dortigen Bank aus die Blicke auf sich.

4 Der runde Teich ist mit Platten umgeben und bildet den Höhepunkt des hinteren Bereiches, der vom übrigen Garten abgetrennt ist. Von der Terrasse aus sieht man nur den Springbrunnen in der Mitte, der von dem runden »Fenster« und Bäumen eingerahmt wird, die den Hintergrund für den gesamten Garten bilden. Der kleine Teich liegt vertieft, wodurch an der runden Öffnung ein hübscher, kleiner Wasserfall entsteht. Sein Rand ist rundherum mit Efeu überwachsen. Zum Rasen führt eine kleine Treppe. Gemischte Rabatten säumen diesen Bereich, und in einer Ecke steht versteckt eine Bank. Sie schaut über den hinteren Garten hinweg in Richtung des Hauses. Insgesamt wirkt dieser Bereich trotz seiner formalen Anlage recht zwanglos.

Holzdecks scheinen eine natürliche Affinität zu Wasser zu haben. Außerdem sind sie nützlich, um die verräterischen Ränder künstlicher Folienteiche zu verbergen. Sie eignen sich ideal für Brücken, die über eine Wasserfläche führen oder den eigentlichen Teich von einem Bereich mit niedrigen Uferzonenpflanzen trennen. Die klaren Linien der gleichmäßigen Planken sehen in modernen Umgebungen besonders hübsch aus und bilden einen idealen Hintergrund für Pflanzen und Pflanzgefäße. Holzplattformen lassen sich in kleine und große Gärten einbeziehen. Wie hier gezeigt, wirken vorhandene Ecken und Höhenunterschiede sehr reizvoll und stellen einen interessanten Kontrast zu den geraden Grundstücksgrenzen gegenüber dar.

Ein frei gestalteter Garten
Eine ganz andere Gestaltung des gleichen Grundstückes zeigt dieser naturnahe Garten, in dem Rasen- und Wasserflächen beinahe verwoben scheinen. Zwischen dem Natursteinpflaster des regengeschützten Sitzbereiches beim Haus wächst Gras, damit es weicher wirkt. Die Grasfläche teilt sich in zwei Rasenwege, die in einem Bogen verlaufen und bei einer Holzbrücke wieder aufeinandertreffen, welche über den großen Teich führt. Durch schattige oder feuchte Bereiche schlängeln sich Kies- oder Torfwege.

Vom Rasen aus betrachtet scheint sich die große Wasserfläche zu teilen. Am Rand wachsen feuchtigkeitsliebende Bäume und andere Pflanzen. Ein Streifzug über die gewundenen Wege des Gartens gipfelt in der Entdeckung eines versteckten Sommerhauses. Es ist sechseckig und ragt teilweise in die Wasserfläche hinein, wodurch interessante Schatten entstehen.

Ein Garten mit Holzbelag
Dieses kleinere, mehr quadratische Grundstück ist so angelegt, daß alle Linien schräg verlaufen. Dadurch werden die längeren Diagonalachsen ausgenutzt, und der Blick vom Haus über die Holzplattform wirkt reizvoller. Bei der Gestaltung hat man sich ausschließlich gerader Linien bedient. Das Grundstück ist weitgehend mit dem Holzbelag bedeckt. Auffällig belaubte Bäume und Sträucher, die gut mit den rechteckigen Konturen von Plattformen und Teich harmonieren, verbergen die Ecken am Rand, welche durch die schräge Anlage entstehen. Wo die Ecken des Teiches beim Haus unschön in die Plattform ragen würden, sind sie stumpf.

Die Wasserfläche wird von Block- oder Ziegelsteinen gesäumt, die durch Uferzonenpflanzen weicher wirken. Der Teich erscheint optisch dreigeteilt. Die kleine Fläche direkt beim Haus ist durch einen erhöhten Holzweg vom Hauptteil abgetrennt. Pfosten zu beiden Seiten – die Teil der Stützstruktur sind – können sicherheitshalber mit Seilen verbunden werden. Der hinterste Teil, der von vielen Punkten des Gartens nur teilweise zu sehen ist, liegt etwas höher und erhält so einen größeren Stellenwert. Auf der Stirnseite befindet sich ein Brunnen, am Ende ein Wasserfall.

Es gibt drei Sitzbereiche, die alle unterschiedlichen Charakter haben. Einer verbirgt sich in der rechten vorderen Ecke und schaut auf Brunnen und Wasserfall. In einer der hinteren Ecken bildet ein offenes Sommerhaus den Höhepunkt, das einen schattigen Sitzplatz darstellt. Von ihm blickt man auf die große Wasserfläche und auf ein kleines quadratisches Beet, in dem Sumpfpflanzen wachsen. Den Hauptsitzbereich bildet eine große quadratische Fläche beim Haus mit Tischen und Stühlen und einem weiten Blick über den Garten.

Ein Garten mit Holzbelag

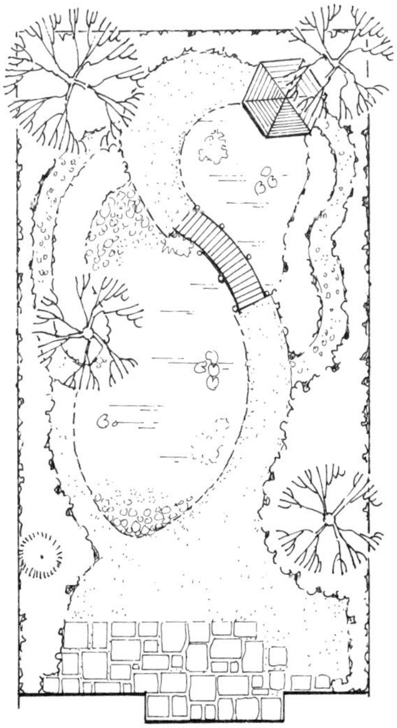

Ein frei gestalteter Garten

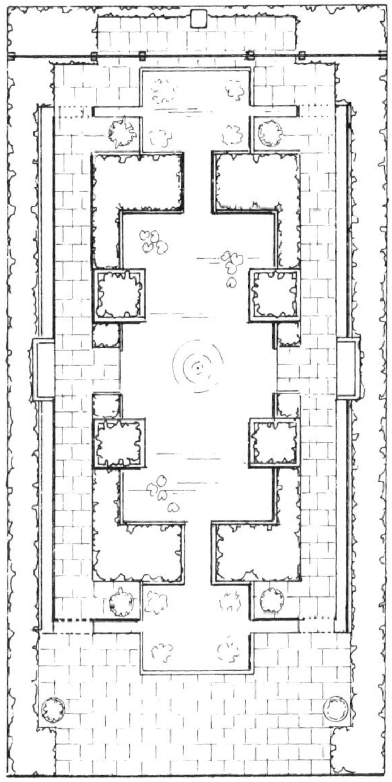

Ein maurischer Garten

Ein maurischer Garten
Die Gestaltung dieses streng symmetrischen Gartens ahmt bewußt die Atmosphäre maurischer Gärten in Spanien nach und ist in einem warmen Klima oder einer sonnigen Lage besonders angebracht. Ein mit dem Hauptbecken verbundener Kanal führt rund um den Garten unter Wegen und Bänken hindurch und läßt den Eindruck entstehen, man sei von Wasser umgeben.

Der Hauptsitzbereich beim Haus ist mit rechteckigen Platten gepflastert, die auch für die anderen befestigten Flächen im Garten verwendet wurden. In Höhe der Beckenmitte stehen sich zwei Bänke gegenüber, die auf den Springbrunnen schauen. Unter ihnen führt der Kanal durch.

Das rechteckige Becken gewinnt durch Beete und Pflanzgefäße. Die vier quadratischen Kübel stehen etwas über dem Wasser, und in ihnen wachsen niedrige Sträucher wie Zwergmispel und Wacholder, die über die Ränder hängen und faszinierende Formen entwickeln. In den Beeten ganz vorn und ganz hinten stehen Pflanzen mit spitzen Blättern wie etwa Schwertlilien, die den dahinterliegenden Teich einrahmen. Bei einem Gang durch den Garten ändert sich die Sicht auf das Wasser ständig.

Am hinteren Ende bildet eine Statue den Höhepunkt und spiegelt sich stimmungsvoll in dem hinteren Teich. Ein einzelner Balken läßt, von Pfosten gestützt, eine kleine offene Pergola für eine Kletterrose oder Blauregen entstehen und rahmt die Statue ein.

Naturgärten

Abgesehen von einem Bereich für Geselligkeit beim Haus scheint sich dieser Garten natürlich entwickelt zu haben; tatsächlich jedoch eine beabsichtigte Wirkung. Er hat eine klare Struktur, die nicht nur die rechteckige Grundform versteckt, sondern auch den Eindruck von Bewegung entstehen läßt. Seine vielen wilden Pflanzen oder naturnahen Elemente locken Tiere in den Garten. Flechtzäune und dichte Pflanzen am Rande des Gartens helfen die künstlichen Grenzen zu verbergen und tragen zu der natürlichen Atmosphäre bei.

1 Ein Natursteinpfad führt durch das Gras vom Haus zu einem leicht erhöhten Sitzbereich, der mit Steinen umrandet ist. Auf einer Seite steht eine Holzbank, die von hohen Pflanzen umgeben wird. Da sie vom größten Teil des Gartens aus nicht zu sehen ist, lenkt sie nicht von der halbwilden Gestaltung ab.

2 Für die mittlere Wiese wurden – abgestimmt auf Bodentyp und Lage – Wildblumen und Gras eingesät. Sie wird nur ab und zu gemäht, wenn Blumen und Gras beginnen, zu hoch zu wachsen. Die geschwungenen Kanten, die durch die Konturen der umliegenden Beete bestimmt werden, lassen intime Ecken entstehen. In mehreren solcher Ecken stehen Holzbänke, die eine jeweils vollkommen andere Aussicht ermöglichen. Am Rand ist die Wiese kurzgemäht, damit die Wege leichter begehbar sind.

3 Ein Teich im offenen Bereich, der eine Vielzahl von Insekten, Vögeln und anderen Tieren anlockt, ist der entzückende Höhepunkt des Gartens. Sumpfpflanzen und Miniaturformen sonst wuchernder Wasserpflanzen, wie Sumpfiris und Rohrkolben, erzeugen in der Uferzone und an den Rändern des Teiches eine naturnahe Umgebung.

4 Bienenstöcke auf einer kleinen Lichtung am Rand des Grundstückes verraten, daß dieser Garten einem echten Naturliebhaber gehört. An den Grundstücksgrenzen stehen Bäume, Sträucher und Blumen, die allen möglichen Tieren Nahrung bieten und ihnen durch ihre natürliche Üppigkeit auch Schutz gewähren.

Flechtzäune, etwa aus Hasel- oder Weidenruten, eignen sich für einen Naturgarten am besten und sind ein passender Hintergrund sowie großartige Stützen für Kletterpflanzen. Außerdem bieten Flechtzäune einen guten Windschutz, der den Wind sanft filtert.

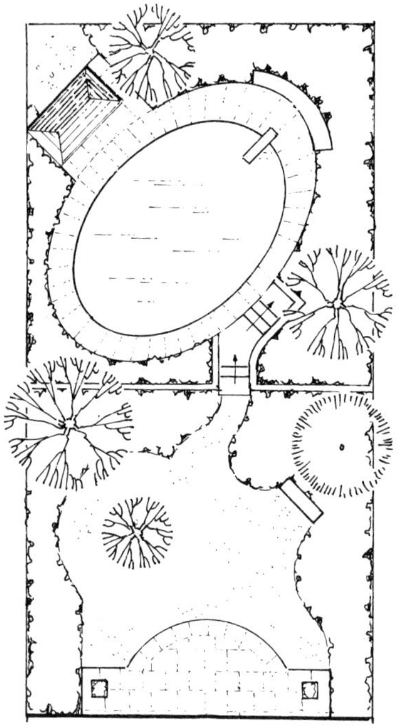

Ein offener Garten
Diese Anlage würde einer Familie gerecht werden, die sich einen recht wilden Garten wünscht, doch mehr Raum für Spiele und andere Beschäftigungen braucht. Sie ist dem ersten Garten ähnlich, aber einfacher. Auch hier sorgen die Schwünge der Rabatte und des mittleren Beetes dafür, daß stets einige Bereiche vor Einblick geschützt sind.

Natursteine lassen direkt beim Haus einen offenen Sitzbereich entstehen, und ein Weg führt zu einer Holzlaube, die mit Geißblatt überwachsen ist. Von beiden blickt man auf eine offene Rasenfläche, die um das mittlere Beet herumläuft, welches das Ende des Gartens versteckt. Vor allem dort wird das Gras nicht zu stark gemäht, um die Entwicklung von Wildblumen zu fördern.

Rechts schiebt sich eine Rabatte mit einem hohen Baum in den Rasen. Sie rahmt eine Bank ein und verbirgt den Schuppen. Von einer Seite der Bank blickt man zurück zum Haus, von der anderen schaut man auf einen Teich am Ende des mittleren Beetes. Die natürlich geschwungenen Linien von Rasen und Beet lassen im Garten Bewegung entstehen.

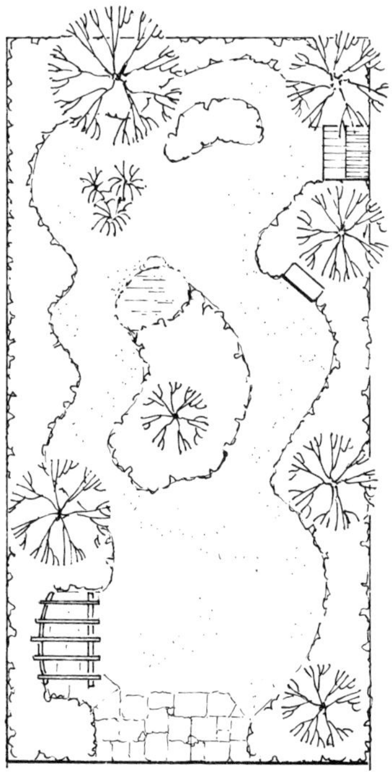

Ein unterteilter Garten
Diese Gestaltung ist auf die unterschiedlichen Bedürfnisse einer Familie abgestimmt. Der Garten wirkt natürlich, doch findet auch ein formales Element – ein rechteckiges Schwimmbecken – in ihm Platz.

Das ovale Schwimmbecken hingegen liegt schräg, um den hinteren Bereich länger wirken zu lassen. An einem Ende des Beckens steht eine geschwungene Holzbank, in der seitlichen Ecke sind in einem flachen Gebäude ein Umkleideraum sowie Heiz- und Filteranlagen untergebracht. Die Farbe der Beckenwände ist auf die natürlichen Pflanzungen abgestimmt – für gemäßigte Zonen wählt man eine dunkle Farbe, für heiße, sonnige Gegenden hellblau oder türkis.

Die Erde, die bei der Anlage des Teiches ausgehoben wurde, ist in diesem Bereich aufgeschüttet worden. Dadurch ist der Teich vom übrigen Garten aus nicht sichtbar. Vom Haus aus erkennt man nur Stützmauer, Stufen und die Bepflanzung rund um das Becken. Auf diese Weise leidet die natürlichere Atmosphäre des ersten Bereiches nicht, andererseits entsteht auch nicht der Eindruck einer Verkürzung, da die Bäume und Sträucher am hinteren Ende zu sehen sind.

Direkt beim Haus befindet sich ein großer gepflasterter Sitzbereich. Er wölbt sich sanft in den Rasen vor, der gepflegt, aber nicht zu kurz geschnitten ist, damit sich Wildblumen entwickeln können. Auch in den umliegenden Beeten findet eine Fülle von Wildblumen, Bäumen und Sträuchern Platz, die Vögel und andere Tiere anlocken.

Eine Bank, die sich vor einem immergrünen Baum in eine geschwungene Rabatte schmiegt, bietet einen schattigen Ruheplatz. Ein einzelner Baum im Rasen bildet für beide Sitzbereiche einen Blickpunkt. Hinter ihm verläuft in einem anmutigen Boden die Rasenkante.

In diesem naturnahen Garten, der als Oase für alle möglichen Tiere gestaltet wurde, sorgt eine klare Struktur für Zusammenhalt, ohne die natürliche Atmosphäre zu beeinträchtigen.

Ein Teich, der geschickt in die offene Fläche integriert und von natürlichen Uferzonenpflanzen umgeben ist, läßt einen reizvollen Blickpunkt im Garten entstehen und zieht, gemeinsam mit der Lockente, Tiere an. Dahinter windet sich ein gemähter Rasenweg durch eine Wildblumenwiese und verschwindet dann in einer schützenden Baumgruppe.

Ein mit Margeriten übersäter Rasen schmiegt sich sanft um die Beete, in denen üppige Wild- und Bauernblumen wachsen. Die Beete erhalten durch saubere Kanten eine klare Form.

DREIECKIGE GÄRTEN

Es gibt mehr dreieckige Grundstücke als man vielleicht vermuten würde. Man findet sie häufig dort, wo ein Haus neben einer bereits existierenden Grenze wie einer Straßenkurve gebaut wurde, oder ein Grundstück durch das natürliche Landschaftsbild begrenzt wird, etwa durch Wasser. In solchen Fällen kann eine Seite des Gartens eine unregelmäßige Grenze haben, während die anderen zwei Seiten gerade verlaufen. Mitunter sind auch zwei Seiten unregelmäßig – wenn beispielsweise die Grundstücksgrenzen in einer früheren Zeit geformt wurden, in der es dazu noch keine genauen Vorschriften gab.

Ein dreieckiger Garten ist nicht einfach zu gestalten. Ganz gleichgültig, ob die Grundform nun eher geometrisch oder stärker unregelmäßig ist, sie wirkt leicht beengend und oft genug auch seltsam winkelig. Unweigerlich zieht das hintere Ende des Dreiecks den Blick auf sich, da sich die Grenzen rasch verjüngen und eine Spitze bilden. Dies fällt vor allem bei noch nicht angelegten Grundstücken auf, wo nichts die Aufmerksamkeit ablenkt, um diesen Effekt zu mildern, und neu errichtete Zäune und Mauern die Konturen betonen.

Veränderung der Proportionen

Natürlich kann man die problematischen Grenzen eines dreieckigen Grundstückes nicht tatsächlich verändern, doch läßt sich optisch einiges erreichen, vor allem durch die Art und Weise wie vertikale Elemente in Beziehung zu den Grenzen des Gartens gesetzt werden. Bäume etwa kann man so plazieren, daß sie Bewegung verstärken oder hemmen. Man kann sich sogar perspektivischer Tricks bedienen, um die Proportionen zu korrigieren oder zu kaschieren, beispielsweise durch die Überbetonung einer Ecke, durch die die Illusion fast unbegrenzten Raumes entsteht. Das langsame Verjüngen des Rasenweges in dem formal angelegten Garten auf Seite 97, der in einem – etwas zu kleinen – Gebäude endet, ist ein vollkommenes Beispiel, wie man Grenzen optisch ausdehnen kann. (In diesem Garten wird der Blick von zwei Bäumen und Pflanzgefäßen aufgehalten, was dem ungemütlichen Korridoreffekt entgegenwirkt.)

Wenn Sie die vertikalen Elemente des Gartens einsetzen, um Proportionen oder Bewegung zu verändern, sollten Sie bei der Gestaltung ruhige Bereiche entstehen lassen. Jedes Muster von Pflastern oder Mauern im Vordergrund sollte auf die angestrebte Gesamtwirkung abgestimmt sein. Bei einem dreieckigen Grundstück ist es stets sinnvoll, der Gestaltung ein zentrales Element wie eine Rasen- oder Pflasterfläche zugrunde zu legen, das die Aufmerksamkeit von den Grenzen lenkt. Statische Formen wie die im Familiengarten auf Seite 94/95 verwendeten Achtecke oder das Kreismotiv im Küstengarten auf Seite 98/99 erfüllen diese Aufgabe perfekt.

Man kann auch Pflanzen benutzen, um die zusammenlaufenden Linien der Grenzen zu verstecken, wie bei einigen der folgenden Gestaltungen geschehen, so daß die Form des Gartens gar nicht mehr sichtbar ist. Ecken können aber auch heimliche Vorzüge haben und faszinierende Möglichkeiten bieten. Sie eignen sich außerdem ideal, um notwendige Dinge wie einen Schuppen oder Komposthaufen zu verstecken. Wie im Garten auf Seite 94/95 kann in ihnen auch ein heimlicher Blickpunkt verborgen sein – etwa eine Skulptur –, die man über einen gewundenen Weg durch Sträucher erreicht.

Diese großzügige offene Gestaltung hat sich einer strengen Geometrie bedient, um einen klaren Grundriß entstehen zu lassen, der die Aufmerksamkeit von den dreieckigen Konturen des Grundstükkes ablenkt. Die offene Fläche ist in interessante Rasenabschnitte und Pflaster unterteilt. Sanfte Höhenunterschiede sorgen für weiteren Reiz. Die Farben und Strukturen einer üppigen Staudenrabatte, deren Bepflanzung sich über die strengen, geraden Ränder rankt und sie auflockert, ergänzen die feinen Proportionen der Gestaltung und bilden ein Gegengewicht zu ihrer beinahe kargen Wirkung. Auch das Laub der Bäume, der Sträucher und der Kletterpflanzen sorgt dafür, daß die Grenzlinien weicher wirken.

Familiengärten

Hier wurde die dreieckige Form des Gartens kaschiert, indem die Grenzen – und insbesondere die Spitze – durch üppige Pflanzen versteckt wurden, und eine Reihe verbundener Achtecke die Aufmerksamkeit nach innen lenken. Das Achteck – eine geometrische Alternative zum Kreis – ist eine statisch wirkende Form, die den Eindruck von Geräumigkeit und Ruhe hervorruft. Die klaren Linien und hellen Materialien, die verwendet wurden, sorgen für eine heitere, moderne Atmosphäre.

1 Der achteckige Sitzbereich hat einen strukturierten gelbbraunen Betonbelag, der den Eindruck von Ruhe noch verstärkt, da keine Pflasterfugen Bewegung entstehen lassen. Kontinuität wird erreicht, indem man das Material im ganzen Garten verwendet. Auf einer Seite wird die Fläche durch ein Hochbeet mit duftenden Pflanzen begrenzt. Ein ähnlich bepflanztes Hochbeet gegenüber trägt dazu bei, den gesamten Bereich einzuschließen.

2 Der achteckige Rasen liegt etwas tiefer als der übrige Garten. Es ist ein schöner, sicherer Spielbereich für kleine Kinder, die sich während des Spielens auch auf seine niedrige Stützmauer setzen können. Auf einer Seite steigt ein Weg sanft zur Grundstücksgrenze hin an und verschwindet dann hinter Sträuchern und einem kleinen Baum. Ein weiterer Baum steht in einer Ecke der Rabatte, die vorspringt und eine kleine Statue umschließt, welche vom hinteren Ende des Gartens aus einen hübschen Blickfang bildet.

3 Teich und Springbrunnen ziehen die Blicke an sich, wenn man ans hintere Ende schaut. Solange die Kinder klein sind, kann das Becken bis dicht unter die Wasseroberfläche mit Kies aufgefüllt werden, so daß es ungefährlich ist. Ein geometrisch geformter höherliegender Rasen umgibt Teich und Springbrunnen und führt zum Haus zurück.

4 Ein Weg, der rasch außer Sichtweite gerät, windet sich vom hinteren Rasen zum Ende des Gartens, dessen dichte Bepflanzung die Spitze versteckt. Hier wird der Weg durch eine Skulptur abgerundet, die vom Hauptbereich des Gartens aus nicht zu sehen ist und deshalb auch nicht von Teich und Springbrunnen ablenkt.

Stufen und Mauerkappe zeigen, daß strukturierter Beton ein reizvolles, vielseitiges Material sein kann, wenn er so phantasievoll wie hier eingesetzt wird. Sie wurden gegossen und kurz vor dem Erhärten vorsichtig abgespritzt und gebürstet, um den Zuschlag – Kies – zum Vorschein kommen zu lassen.

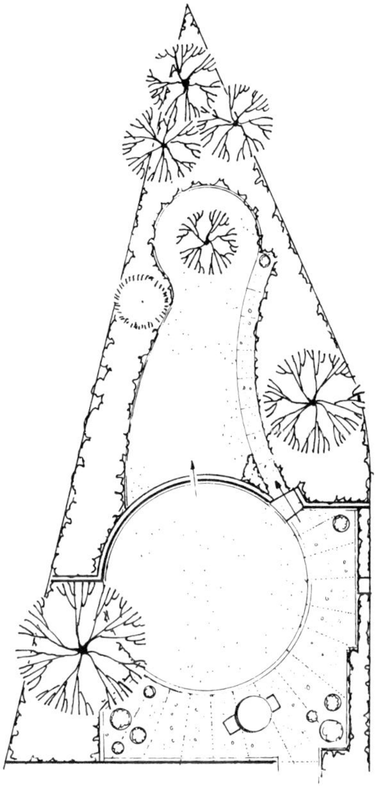

Ein pflegeleichter Garten

Wie bei dem pflegeleichten Garten gegenüber verleiht ein Rasen auf zwei Ebenen einer Anlage Reiz, während er gleichzeitig für Kontinuität sorgt. Geometrische Grundformen wie der Kreis – ein sich häufig wiederholendes Gestaltungsthema – nehmen den Blick gefangen und lenken die Aufmerksamkeit von unschönen Ecken ab. Hier dient eine mit Ziegel gesäumte halbkreisförmige Grasfläche zur Stabilisierung des unteren Rasens. Stellen Sie sich den Garten einmal ohne die Stufe vor: Die üppige Bepflanzung würde weiter für sich sprechen, doch der Gesamtgestaltung fehlte die charakteristische Note.

Ein pflegeleichter Garten
Hier wurden die Achtecke durch weichere, rundere Formen ersetzt, die wiederum das Dreieck verbergen. In den geschwungenen Rabatten wachsen pflegeleichte Sträucher, die die Grenzen kaschieren. Bäume zu beiden Seiten betonen die geschwungenen Linien und eine Baumgruppe versteckt die Spitze am Ende.

Der Rasen wird an der vorderen Seite von einem langgezogenen Sitzbereich aus pflegeleichtem Beton umrahmt. Dieser wird durch strahlenförmige Fugen verschönert, verschiedene Pflanzgefäße haben eine zusätzliche belebende Funktion. Stufen führen zu einem Weg, der sich um eine Rabatte windet und an einem Gefäß mit auffälligen Pflanzen endet. Am hinteren Rasen wächst ein Baum mit hängenden Zweigen – ein reizvoller Blickpunkt für den gesamten Garten.

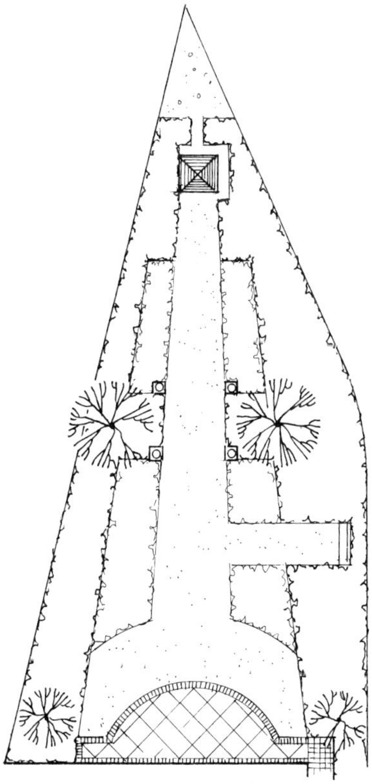

Ein besonderer Garten

Ein besonderer Garten
Dieser Garten wurde für eine Familie geplant, die eine Vorliebe für bestimmte Sträucher und Blumen hat und ihnen daher einen bevorzugten Platz einräumen will. Die Gestaltung betont bewußt die dreieckige Form des Grundstückes und manipuliert sie durch einen Perspektivetrick. Der Rasenweg in der Mitte wird schmäler und erzeugt dadurch den Eindruck zusätzlicher Distanz und starker Bewegung. An seinem Ende befindet sich ein Sommerhaus, das relativ klein ist, um die optische Täuschung zu wahren. Es bildet den eigentlichen Blickpunkt und verbirgt einen Bereich mit Komposthaufen und ähnlichen Elementen.

Beete mit den Lieblingspflanzen säumen den Weg. Dahinter bilden Rabatten mit höheren Sträuchern den Hintergrund für diese Pflanzen, die das ganze Jahr hindurch interessant wirken. Auf halber Höhe wird der Garten durch zwei gleiche Bäume in Kübeln geteilt, um den Charakter eines Korridors zu verhindern. Direkt beim Haus schiebt sich eine geschwungene Terrasse in den halbrunden Rasen. Sie bietet viel Platz zum Sitzen und Ausspannen.

Gärten in Küstenlage

Das größte Problem bei Gärten in Küstenlage, der beständige und mitunter stark salzhaltige Wind, wird meist durch einen eher milden Winter und häufig auch durch eine großartige Aussicht aufgewogen. Bei dem Garten läßt sorgfältige Planung und Gestaltung eine geschützte Umgebung mit Seeblick und viel Raum für Familienaktivitäten entstehen.

Der Garten wird von einer schützenden immergrünen Hecke umgeben, die den Wind abschwächt, statt ihn zu brechen und auf der »geschützten« Seite Wirbel entstehen zu lassen. Eine Lücke in der Hecke mit einem Stangenzaun erlaubt einen herrlichen Blick über das Wasser. In den Rabatten wachsen salzunempfindliche bunte Blumen, Sträucher und Bäume, von denen die höheren durch den Wind zu phantastischen Skulpturen geformt wurden. Der gesamten Anlage liegen klare geschwungene Formen und Kreise zugrunde, die die dreieckigen Konturen kaschieren.

1 Auf der Terrasse beim Haus sind regelmäßige Platten verlegt, die durch glatte Strandkiesel aufgelockert werden. Hier ist viel Platz zum Sitzen oder Spielen. Vorn geht sie in einen Weg zu dem vertieft liegenden Rasen über, auf der anderen Seite wurden vier Pfosten in Blumenbeete gesetzt, die eine mit Kletterrosen bewachsene Pergola tragen. Von der Terrasse aus fällt der Blick aufs Meer, das durch die Lücke in der Hecke zu sehen ist.

2 Der runde Rasen wurde tiefergelegt, damit an windigen Tagen ein geschützter Sitz- und Spielbereich vorhanden ist. Eine Armillarsphäre auf einem Sockel bildet hier einen reizvollen Blickpunkt. Eine sanfte Böschung führt hinauf zum Hauptrasen, dessen interessante Form durch Grundstücksgrenzen und Weg bestimmt wird. Er ist groß genug, um den Eindruck von Geräumigkeit entstehen zu lassen.

3 Der Weg besteht aus ungewaschenem Kies und ist mit Strandkieseln eingefaßt. Er windet sich von der Terrasse aus um die Bäume und gerät dann außer Sichtweite. An einer geschützten Fläche endet er, wo ein kleines Sommerhaus steht, von dem man eine großartige Sicht auf das Meer hat. Hohe Bäume, die dem Wind trotzen, bilden einen schönen Hintergrund für das Haus. In den steingartenartigen Bereichen wachsen kleinere Einjahresblumen und teppichbildende Pflanzen. Von der gegenüberliegenden Seite des Gartens aus bildet das Sommerhaus den Blickpunkt, aber von der Terrasse ist es nur teilweise zu sehen, um nicht mit dem Blick aufs Meer zu konkurrieren.

Die runde Form des robusten Sommerhauses hält auch heftigen Winden stand. Das Gebäude hat zum Schutz vor Zugluft, Regen und Kälte eine Doppelverglasung, und selbst im Winter ist es warm und einladend. Dann kann man ungestört dort sitzen und aufs Meer hinausschauen.

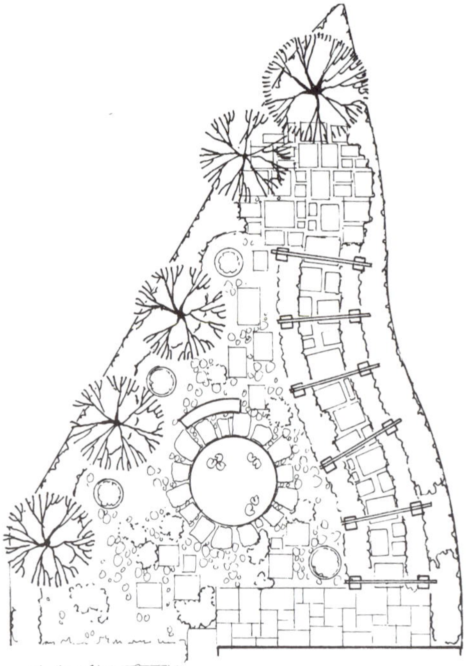

Ein Wochenendgarten

Viele Küstengärten gehören zu Häusern, die unregelmäßig oder nur am Wochenende bewohnt sind, weshalb sich eine pflegeleichte Anlage empfiehlt. Hier finden sich vor allem befestigte Flächen, die leicht zu pflegen sind. Nur in zwei schmalen Beeten stehen winterharte Kletterpflanzen, die an einer einfachen Pergola emporwachsen. Sie schützt einen gewundenen Weg, der die Terrasse beim Haus mit einem windgeschützten runden Sitzbereich verbindet, von dem aus man über das Meer schauen kann.

Terrasse, Weg und Sitzbereich sind unregelmäßig mit rechteckigen Steinen gepflastert. Die Fläche in der Mitte besteht aus Kies und einzelnen Platten, zwischen denen eine Vielfalt von Küstenpflanzen gedeiht, die sehr genügsam sind und so gut wie keine Pflege benötigen. Heckenpflanzen wie Tamarisken, die freiwachsend am schönsten wirken, umgeben das Grundstück und geben ihm zusammen mit einigen Bäumen Schutz.

Hier wurde die Form des Gartens nicht kaschiert, sondern in der inneren Aufteilung wieder aufgegriffen. Der Weg folgt der geschwungenen Grundstücksgrenze. Auf der gegenüberliegenden Seite wurden drei gleiche Bäume abwechselnd mit Pflanzgefäßen in einer geraden Reihe aufgestellt. So wird der Blick in die hintere Ecke gelenkt. Doch die Aufmerksamkeit wird auch in die Mitte des Gartens gezogen, wo ein kleiner runder Teich liegt und ein abgerundeter Felsblock einen recht romantischen Platz zum Sitzen bietet. Da kaum Fröste auftreten, sind Teiche in Küstengärten besonders unproblematisch.

Oben: Während das Sommerhaus in dem Küstengarten auf Seite 98–99 für den ganzjährigen Gebrauch vorgesehen und solide gebaut ist, kann es in einem Garten im Landesinneren auch rein dekorativen Charakter haben. Dieses offene sechseckige Haus ist eher ein Schutz vor Sonne als vor Wind und Regen, und mit seiner rustikalen Schlichtheit paßt es gut in einen ländlichen Garten. Es ist vor allem ein architektonisches Schmuckelement, das in einem frei gestalteten Garten einen reizvollen Höhepunkt bildet. Das Bodenmuster aus Kies und Pflaster betont diese Funktion innerhalb der Gestaltung.

Rechts: Eine Pergola eignet sich ebenso wie eine Terrasse, um jenen Übergangsbereich zu nutzen, der weder Haus noch Garten, weder Innen- noch Außenraum ist. Dieses statische Element kann als Erweiterung des Gebäudes dienen, auch wenn es nicht immer mit natürlichen Pflanzungen oder anderen Flächen im Garten harmoniert. Ihr Bewuchs aus Kletterpflanzen kann aber auch eine Verbindung zwischen Gebäude und Garten herstellen. Auf den vorhergehenden Seiten wurde die Pergola auf diese Weise genutzt und vor der Hauswand angebracht. In dem Wochenendgarten gegenüber überspannt eine freistehende Pergola einen Weg, der der geschwungenen Grundstücksgrenze folgt, und läßt ein eigenständiges vertikales Gestaltungselement entstehen.

BREITE GÄRTEN

Gärten, die im Verhältnis zur Länge sehr breit sind, lassen sich mitunter nur schwer gestalten. Auf der Rückseite des Hauses fehlen ihnen meist Tiefe und Dimension, und auf der Vorderseite werden sie zudem oft durch notwendige Wege und Auffahrten zerstückelt.

Eine erfolgreiche Gestaltung hängt häufig davon ab, daß der Eindruck von Raum und Distanz entsteht, und dieser fehlt Gärten, die mehr breit als lang sind. Doch mit Hilfe verschiedener Tricks lassen sich perspektivische Illusionen schaffen. Eine hohe Mauer oder ein Zaun am Ende des Gartens können wie eine innere Unterteilung wirken und vortäuschen, daß dies nur der erste von mehreren Teilräumen ist. Bei einer Gestaltung wie auf Seite 104/105 wird der Hintergrund durch eine Reihe von Mauerbögen interessant, von denen einer verspiegelt wurde. Bögen sind stets hilfreich, um auf kleinem Raum den Eindruck von Tiefe zu erzeugen. Trompe-l'oeil-Spaliere in den Bögen tragen ebenfalls zu diesem Effekt bei, und durch einige kletternde Pflanzen, die das Gitter weicher erscheinen lassen aber nicht verbergen, sieht es natürlicher aus.

Die kurze Achse des Gartens kann auch durch einen geraden Weg verlängert werden, wie in dem formalen Garten auf Seite 106. Oder man pflanzt Bäume, durch die eine Gliederung oder ein Blickfang entstehen, die von der geringen Tiefe ablenken oder die Grenzen tatsächlich verbergen. Man kann auch Farben einsetzen, um eine Fläche optisch zu verlängern. Meiden sollte man auffälliges Gelb und Rot, die die Distanz eher verkürzen. Verschwommene, blasse Farben – insbesondere Blautöne – scheinen stets weiter weg zu sein. In Bodenhöhe läßt sich die Fläche durch helles Pflaster oder hellen Kies und reflektierendes Wasser optisch vergrößern.

Bei allen gezeigten Gartengestaltungen schiebt ein dynamischer Grundriß, der auf Bögen und Kreisen basiert, die parallelen Grenzen hinaus und bricht das Rechteck auf. Diese Formen lenken die Aufmerksamkeit weg von den Grenzen und lassen eine Bewegung entstehen, die eine in sich geschlossene Einheit erzeugt.

Vorgärten

Vorgärten sind oft von außen einsehbar und haben vielleicht nicht einmal klare Grenzen wie Hecken oder Zäune. Häufig bestehen sie lediglich aus einem Rasenstreifen, der sich in den Nachbargärten fortsetzt. Soll jedoch ein halbwegs intimer Bereich geschaffen werden, so muß dieser sowohl vom Haus als auch von der Straße reizvoll wirken. Außerdem sollte ein bequemer Zugang vorhanden sein.

Geschwungene Linien und klare Kreismotive sind für die Gestaltung von Vorgärten, die oft stark zergliedert sind, eine gute Ausgangsbasis. Der Weg zur Eingangstür läßt möglicherweise zwei oder mehr asymmetrische oder häßlich geformte Ziergartenstücke entstehen, und vielleicht hat für Sie eine Auffahrt, eine Garage oder eine Parkfläche Priorität vor Pflanzen. Doch bei sorgfältiger Planung kann auch ein Vorgarten wie ein richtiger Garten aussehen. Die Wahl von reizvollen statischen Elementen trägt wesentlich zum Erfolg der Gestaltung bei. So macht etwa das Pflaster die große Auffahrt im Garten auf Seite 108/109 tatsächlich zu einem reizvollen Element.

Um störende »Restflächen« oder ungleichartige Elemente zu verbinden, können nicht nur die Materialien der Einfassung nützlich sein, sondern auch eine einheitliche Bepflanzung. Wo die Proportionen ausgewogen sind, wird eine reizvolle Bepflanzung sie betonen. Dichte, unaufdringliche Grünpflanzen sind hilfreich, um seltsam geformte Flächen zu kaschieren. So ist ein immergrüner Bodendecker, der einen Teppich entstehen läßt, ein dezenter Hintergrund, vor dem ein gut plaziertes Gefäß mit bunten Blumen die Blicke unweigerlich auf sich zieht.

Um das Problem von übergroßer Breite zu lösen, muß der Eindruck von Tiefe erreicht werden, indem man durch Stufen und ein tiefergelegenes Becken unterschiedliche Höhen schafft. Dieser Blickwinkel zeigt die längere Achse: Die Aufmerksamkeit wird durch attraktive, niedrige Bepflanzung, die in lockerer Symmetrie angeordnet ist, nach unten gelenkt. Der Belag um den Behälter wirkt dadurch weicher, und auch die Pflanzkübel dominieren nicht.

Familiengärten

In diesem Garten lenkt die spannungsreiche Gliederung die Aufmerksamkeit nach innen, und ein Trompe-l'oeil an der hinteren Wand täuscht nicht vorhandene Tiefe vor. Die reizvolle Aufteilung kommt von oben gesehen fast noch besser zur Geltung, weshalb dies ein perfekter Garten für ein hohes Stadthaus wäre. Obwohl er formal angelegt wurde, sind die Linien geschwungen. Zudem wird er durch pastellfarbene Pflanzen vorwiegend in Blau- und Rosatönen aufgelockert.

1 Natursteinpflaster bedeckt den kleinen Sitzbereich vor dem Haus und den Weg, der sich auf einer Seite zum hinteren Ende des Gartens windet und auf der Rückseite im Rasen endet. Die großen und kleinen Stücke des Pflasters sind fast rund. Diese runde, geschwungene Form wiederholt sich im gesamten Garten und erzeugt einen intensiven Eindruck von Bewegung.

2 Eine niedrige Buchshecke verläuft in einer fließenden Linie rund um den Rasen und betont seine Form. Dieses Element wirkt um so dramatischer, als es einen starken Kontrast zu der rechteckigen Form des Grundstückes bildet. Die in den umliegenden Beeten wachsenden Pflanzen mildern die Ecken, damit sie nicht zu hart wirken. Die fließenden Formen sehen aus allen Richtungen wunderschön aus, scheinen sich aber je nach Blickwinkel zu verändern. Auf dem Rasen haben Kinder viel Platz zum Spielen. Rasen und Hecke müssen regelmäßig geschnitten werden, um die Form zu wahren.

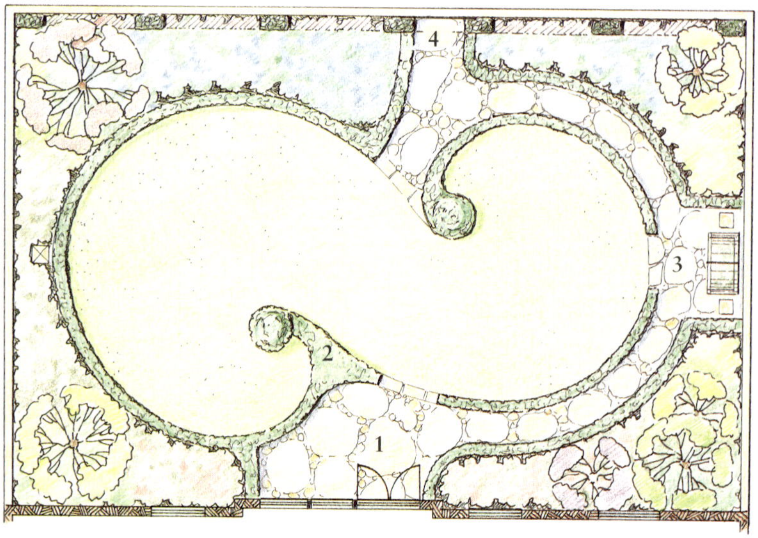

3 Eine dekorative Bank steht vor der Wand des zweiten Sitzbereiches unter einem Baldachin aus Kletterrosen. (Wenn der Rasen so viel Platz einnimmt, werden anstelle eines größeren Sitzbereiches besser zwei kleine angelegt.) Zu beiden Seiten halten auf Sockeln stehende Löwen Wache. Um die Symmetrie des Gartens zu wahren, wird auf der Querachse durch eine steinerne Pyramide ein Gegengewicht gebildet. Sie ist von der Bank gesehen der Höhepunkt des Gartens, und eine Öffnung in der Hecke erlaubt eine ungehinderte Sicht.

Obgleich die zu Kugeln gestutzten Bäumchen auf ihren runden »Sockeln« im Einklang mit dem im Garten verwendeten Kreismotiv stehen, könnte die Hecke auch in eine andere Form geschnitten werden. Hier wird durch einen pyramidenartigen Schnitt die als Dekoration dienende Steinpyramide wiederholt. Demgemäß wurde die gesamte Hecke neu gestaltet.

4 Ein schmiedeeisernes Tor in der Mitte der weißen Grenzmauer bildet vom Haus aus gesehen den Blickpunkt. Hinter ihm befindet sich ein großer Spiegel, so daß es scheint, als würde der Weg weitergehen. Man glaubt, einen Durchgang zu einem zweiten Garten vor sich zu haben. Zu beiden Seiten wurden robuste immergrüne Sträucher, wie etwa *Pyracantha,* in Form geschnitten. Sie lassen eine Reihe anmutiger Säulen und Bögen entstehen, welche Nischen für zartrosa Kletterrosen bilden. In den davorliegenden Rabatten wachsen blaue Blumen, und auch diese Farbgestaltung trägt zur Tiefenwirkung bei (siehe Seite 162 ff.).

Links: Ein ordentlich gestutzter Buchsbaum in der Mitte einer silbrigen Fläche läßt einen statischen Höhepunkt entstehen, der den Blick immer wieder zurück zu dem Kreismuster innerhalb des Quadrates lenkt. Flankiert von bodendeckenden Pflanzen gibt dieses niedrige, streng gestaltete Element den freieren Formen der dahinterliegenden üppigen Stauden Halt. Eine solche starke innere Gliederung eignet sich auch gut, um von ungünstig geschnittenen Grundstücksgrenzen abzulenken.

Rechts: Die Bepflanzung um den Teich zieht den Blick nach unten und von den Grundstücksgrenzen fort. Die bandförmigen und grasartigen Blätter auf der einen und das größere Laub auf der anderen Seite lassen hübsche Kontraste entstehen. Wie schon in dem frei gestalteten Garten oben, fügt sich die einfache Holzbrücke gut in die natürliche Gestaltung ein.

Ein formaler Garten

Diese streng formale Gestaltung verleiht dem Garten eine klare innere Struktur. Der Teich und das helle Pflaster, welches ihn umgibt, lassen die Mitte elegant wirken und geben dem Garten Tiefe. Dieser Effekt wird durch die halbrunde Laube vor der rückwärtigen Wand, die weiterzugehen scheint, und auch durch die vier identischen kleinen Bäume verstärkt, welche nicht direkt in den Ecken stehen, so daß der Eindruck von Raum jenseits der Bäume entsteht.

Die Anlage ist völlig symmetrisch. Es gibt zwei dominante Achsen, von denen die kürzere durch den Weg zu beiden Seiten des runden Teiches betont wird. Gegenüber der Laube mit ihrer dekorativen Bank liegt der eigentliche Sitzbereich, der hell gepflastert und mit zwei Pflanzkübeln geschmückt ist. Auf beiden Seiten des Gartens dienen Figuren als Blickpunkte.

Die Symmetrie wird durch vier gleiche Bäume und vier Blumenbeete, die den runden Mittelbereich umgeben, zusätzlich betont. In den Beeten wächst nur ein Pflanzentyp, etwa Buchsbaum oder Lavendel. Im umliegenden Rasen haben Kinder Platz zum Spielen. Dieser Bereich könnte auch gekiest oder mit Efeu überwachsen sein.

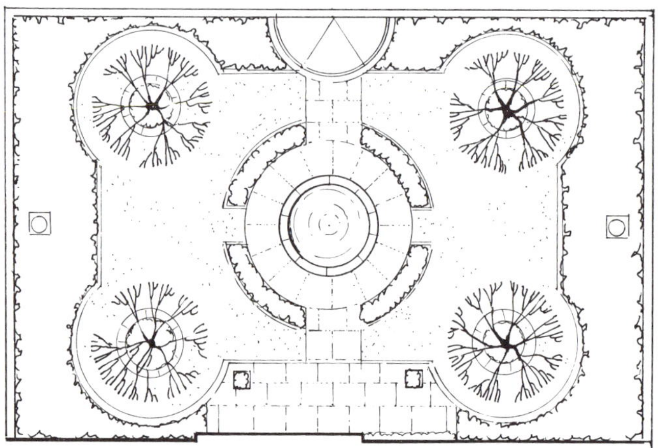

Ein frei gestalteter Garten
Hier wurden natürlich geschwungene Linien eingesetzt, um die Breite des Grundstücks zu kaschieren und durch Verstecken einiger Bereiche den Eindruck von Weite zu erzeugen. Direkt beim Haus liegt eine halbrunde, gepflasterte Terrasse, die einen weiten Blick erlaubt. Gegenüber steht, jenseits des Rasens, eine kleine Baumgruppe, und die hintere Rabatte verläuft in einem Bogen, wodurch die Aufmerksamkeit von der Grenzlinie abgelenkt wird.

Auf einer Seite liegt an einer sonnigen Stelle erhöht ein runder Rasen. Darunter steht unter einem schützenden Baum eine Bank. Von hier und von der Terrasse aus wird ein kleiner Teich zum Blickpunkt, den hohe Wasser- und Sumpfpflanzen teilweise verbergen. Auf beiden Seiten winden sich Rasenwege zu seiner schmalsten Stelle und einer kleinen Holzbrücke. In einer Ecke befindet sich ein Gartenschuppen, der durch Pflanzen völlig vom Hauptbereich abgeschirmt wird.

Vorgärten

Bei einem Vorgarten dieser Größe muß darauf geachtet werden, daß die Gestaltung nicht völlig von dem Raum dominiert wird, den das Auto beansprucht. Hier gleicht die Gartenanlage insgesamt die Auffahrt harmonisch aus. Sie ist dabei groß genug, um wenden zu können.

1 Die Auffahrt besteht aus quadratischen Ziegelsteinen oder Platten und Pflastersteinen einer kontrastierenden Farbe, die in einem Rombenmuster verlegt sind. Ihre Form ist weitgehend durch die Lage der Garage und die Notwendigkeit eines direkten Zuganges sowie den Raum, der zum Wenden und Parken benötigt wird, bedingt. Der schemenhafte Wagen deutet das Größenverhältnis von Auto zu Auffahrt und den erforderlichen Platz an.

2 Eine große Tonschale mit Blumen ist der optische Höhepunkt des Gartens. Der Kies, auf dem sie steht, bildet einen schönen Hintergrund. Auf einer Seite schmiegt sich eine Rabatte an, die dicht mit einer Strauch- oder Blumenart bepflanzt ist, welche auch auf der anderen Seite der Auffahrt wächst.

3 Der Rasen in der Mitte weist einen Höhenunterschied auf, was der Anlage weiteren Reiz verleiht. Die untere Ebene folgt der Form des geschwungenen Beetes bei der Auffahrt und wird durch Pflastersteine begrenzt, die für Kontinuität sorgen und eine praktische Mähkante bilden.

4 Ein Weg in einer mit den Pflastersteinen harmonierenden Farbe führt um das Haus herum zu einem Tor auf der Seite. Die Beete direkt vor dem Haus liegen im Schatten. Dort wurden unempfindlichere blaue Blumen gepflanzt, die auch ohne Sonne hübsch wirken. Wo Beet und Eingang zusammentreffen, wachsen leuchtendere Blumen.

5 Vorn markiert ein weißgestrichener Lattenzaun die Grenze. Er steht vor einer Rosenhecke und wirkt auch von der Straße reizvoll. An den Seiten wachsen immergrüne Hecken, die vorn niedriger sind, um gute Sicht auf die Straße zu ermöglichen.

Auffahrten und Parkflächen müssen nicht langweilig oder nüchtern wirken, sondern können durchaus zum Reiz eines Gartens beitragen. Dies ist dort besonders wichtig, wo die Fläche einen großen Teil des Platzes einnimmt. Hier handelt es sich um eine Variation der Gestaltung des gezeigten Gartens, bei der Ziegelsteine Romben entstehen lassen, in denen farbige Betonsteine in einem hübschen Bogenmuster verlegt wurden.

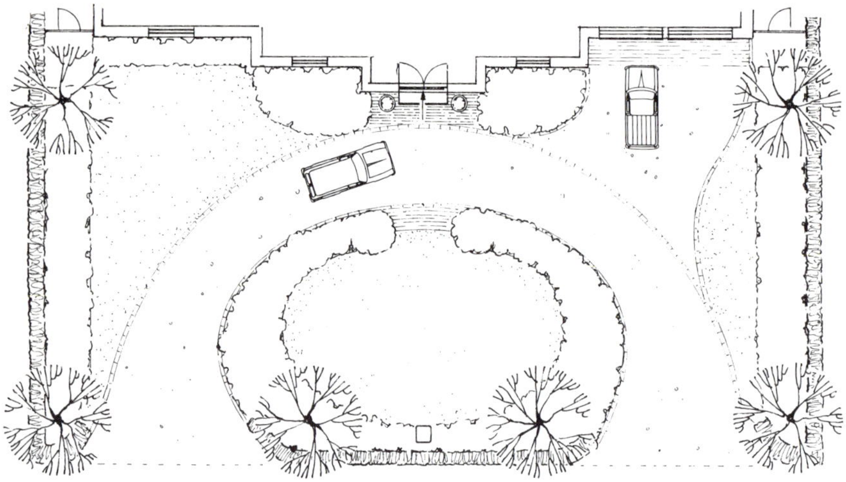

Ein großer Garten
Wo es der Platz erlaubt, ist es sicherer und bequemer, eine Auffahrt mit zwei Ausgängen zur Straße anzulegen. Hier sind die Enden so breit, daß man beim Ankommen oder Abfahren problemlos wenden kann.

Die strenge Gesamtgestaltung des Gartens wird durch die sanft geschwungene gekieste Auffahrt aufgelockert. Sie ist mit Ziegelsteinen eingefaßt, die sich in einer halbrunden Linie zur Garage fortsetzen, um die Symmetrie zu wahren. Grasflächen auf beiden Seiten, die von Rabatten mit Hecken im Hintergrund gesäumt werden, sorgen für Ausgewogenheit, und sechs gleiche Bäume betonen die Symmetrie noch zusätzlich.

Die Höhe der vorderen Hecke kann davon abhängen, ob die Straße verborgen werden soll, doch vom Haus gesehen konzentriert diese Gestaltung die Aufmerksamkeit ohnehin auf den mittleren Bereich. Stufen führen von der Auffahrt zu einer ovalen Rasenfläche, die von einer Rabatte umgeben wird. Eine Lücke in dieser Rabatte erlaubt einen ungehinderten Blick von der Eingangstür zu einem Blickpunkt am hinteren Ende – einer Statue oder einem anderen figürlichen Element.

Oben: Das Pflaster der Auffahrt erinnert an die Struktur von Tweed und weist eine schöne funktionelle Oberfläche auf. Durch das Muster der Pflastersteine können Wege aus verschiedenen Winkeln zusammenfließen, während das klare Kreismotiv erhalten bleibt. Flecken aus kontrastierendem Material sind eine schöne Möglichkeit, eine harmonische Verbindung zu in der Nähe befindlichen Elementen (wie eine Ziegelmauer) herzustellen.

Rechts: Die strenge Wirkung des Weges in diesem Vordergarten wird nicht durch eine ebenfalls strenge Bepflanzung noch weiter verstärkt. Statt dessen wachsen in den Beeten üppige Stauden, die in erster Linie aufgrund ihres Laubes ausgewählt wurden, und die Gestaltung auflockern sollen.

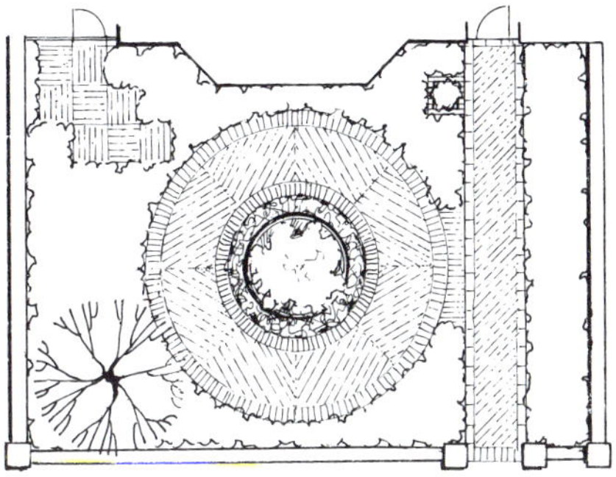

Ein kleiner Garten

Dieses winzige Grundstück ist typisch für viele, die man vor kleinen und großen Häusern findet. Hier ist kein Platz für ein parkendes Auto.

Eine schlichte, strenge Gestaltung wird dem Raum am besten gerecht. Ein Ziegelweg führt direkt zu der Eingangstür, und eine runde Ziegelfläche umgibt den Mittelpunkt des Gartens – eine große Schale mit leuchtenden Blumen. Unter ihnen wächst Efeu oder ein anderer immergrüner Bodendecker. Auf einer Seite führt ein Ziegelweg zu einem Seiteneingang, auf der anderen beleben Gefäße mit bunten Blumen den Eingang.

Für eine so kleine Fläche ist Rasen ungeeignet, daher wachsen auf freien Flächen pflegeleichte Stauden. In einer Ecke steht ein Zierbaum – anbieten würde sich in diesem Zusammenhang eine kleine Magnolie oder ein Japanischer Ahorn. Der Garten wird von einer niedrigen Ziegelmauer umgeben.

L-FÖRMIGE GÄRTEN

Ein L-förmiges Grundstück besitzt Vorzüge, die in einem rechteckigen Garten erst geschaffen werden müssen, da sofort zwei Bereiche entstehen, die man eventuell noch weiter unterteilen kann.

Im Idealfall haben die beiden Teile ausgewogene Proportionen und vereinigen alle Vorteile von zwei kleinen rechteckigen oder quadratischen Gärten in sich. Hier läßt sich beispielsweise einer der »Gärten« streng gestalten und der andere natürlich. Falls es einen Bereich gibt, der außer Sichtweite liegt, kann man ihn für Dinge nutzen, die man nicht gern unmittelbar beim Haus hat – etwa Gemüsebeete oder laute Ballspiele –, oder dort einen geheimen Zufluchtsort schaffen, wo man ungestört ist. Oder man läßt eine kleine Wildnis abseits des strenger angelegten Bereiches beim Haus entstehen, die zur Oase für Kleintiere wird, wie in den Gärten auf Seite 118-121.

Wenn man die Verbindung zum Hauptgarten geschickt gestaltet, wird dieser verborgene Bereich jeden Besucher entzükken. Vielleicht betritt man ihn durch einen geheimen Durchgang, an einer Stelle, wo man zunächst eine Grenze vermutete, oder über einen gewundenen Weg, der sich durch Sträucher schlängelt. In dem bewaldeten Garten auf Seite 121 befindet sich der Zugang zu dem abgeschiedenen Hain gegenüber von einem schmalen Holzsteg, der über einen L-förmigen Teich führt.

Wenn die beiden Schenkel der L's offener sind, sollte der Grundriß so gestaltet werden, daß er die beiden Teile des Gartens zusammenhält. Der Rhythmus der verwendeten geometrischen Formen oder Muster sollte den möglicherweise ungünstigen Proportionen beikommen. Bei dem Beispiel für einen Doppelgarten auf Seite 116 wurde das Grundstück bestmöglich genutzt, indem ein runder Rasen mit einem Baum in den Winkel gepflanzt worden ist. In dem Naturgarten auf Seite 118/119 verbindet hingegen ein asymmetrischer Teich die Teile des Grundstückes. In beiden Fällen bilden diese Elemente von den Enden des Gartens gesehen einen reizvollen Höhepunkt.

Von entscheidender Bedeutung ist die Lage des Hauses. Mitunter befindet es sich in dem inneren Winkel und wird auf zwei Seiten vom Garten flankiert. In anderen Fällen steht das Haus am Ende des einen Schenkels, so daß der andere außerhalb der Sichtweite liegt. Jedes Grundstück hat spezifische Eigenschaften, die bei kluger Planung optimal genutzt werden können. Wenn etwa einer der beiden Bereiche eines kleinen Gartens vorwiegend im Schatten liegt, verwandeln ihn klassische Elemente wie Pflaster und Efeu in einen ruhigen grünen Gartenraum, oder aber freiere Bepflanzung läßt einen von Bäumen gesäumten Weg entstehen, wie bei dem Familiengarten auf Seite 116.

Dachgärten

Die Dachgärten auf Seite 120-121 illustrieren den ganz besonderen Fall eines L-förmigen Gartens, der trotz spezieller Bedingungen, wie etwa der exponierten Lage und der Notwendigkeit der Verwendung leichter Materialien, gelungen wirkt. Der erste Gestaltungsvorschlag läßt sich übrigens auf jeden kleinen L-förmigen Garten übertragen – insbesondere die reizvolle Pergola kann überall verwendet werden, um einen intimen ungestörten Ort entstehen zu lassen.

In einem großen Garten kommen größere Rasenflächen und Bäume besonders zur Geltung. Im Frühherbst werden die Kontraste des bunten Laubes von Amelanchier *(Felsenbirne) am Drehpunkt dieser L-Form zum grünen Hintergrund der eleganten immergrünen und der laubabwerfenden Bäume, wie Eibe und Zierkirsche besonders deutlich. Derbe Tische und Stühle aus robustem Holz wurden so plaziert, daß beide Arme der L-Form überschaubar sind und die Atmosphäre der entspannenden Umgebung erhalten bleibt. In der Nähe bewacht die bronzefarbene Statue des »Sonnenkönigs« das Gelände und setzt einen freundlichen Akzent. Wie ein Schutzengel schwebt er über diesen Platz und erinnert uns: Dies ist ein Garten.*

Formale Gärten

Diese Gestaltung läßt getrennte Räume entstehen, die jedoch eng verbunden sind. Es ist ein Familiengarten, in dessen versteckten Teil Bereiche für Aktivitäten wie etwa Gemüsekultur oder Spiele liegen, während die Flächen, die vom Haus zu sehen sind, dekorativ und formal gestaltet wurden. Dichte Pflanzungen aus wenigen Arten von Bäumen, Sträuchern und Stauden sorgen für reizvolle Effekte und Kontinuität.

1 Die Terrasse umgibt das Haus auf zwei Seiten. Vor den Haupttüren liegt der eigentliche Sitzbereich. Er ist mit einem Plattenbelag ausgestattet, dessen Rombenform und schräge Linien sich als Thema im gesamten Garten wiederholen – selbst im Zaun, der ihn umgibt. Diese Diagonalen lenken jedoch nicht von der klaren Achse ab, die den Garten auf seiner gesamten Länge durchzieht. Sie wird durch einen Kiesweg noch zusätzlich betont, der von der Terrasse entlang der linken Grundstückgrenze zum hinteren Garten führt und dann – sich verjüngend – zu einem hübschen Gartenschuppen leitet.

2 Der rombenförmige Teich mit seinem Springbrunnen bildet den Höhepunkt des Gartenraumes beim Haus, zieht aber auch vom hinteren Ende die Blicke auf sich. Links von ihm liegt ein hübscher Pavillon aus Spalieren, an dem Geißblatt und andere süßduftende Kletterpflanzen ranken. Gegenüber bildet eine auf einem Sockel stehende Skulptur ein Gegengewicht. Am Ende des Rasens laufen die Rabatten zusammen und erlauben einen Durchgang zum hinteren Garten.

3 Der achteckige Garten wird durch eine hohe Hecke vor Einblicken aus anderen Gartenbereichen geschützt. In der Rasenfläche wiederholt sich die Rombenform des Teiches. An den Ecken stehen vier identische Bäume. Eine hübsche Steinbank am hinteren Ende schaut über den Rasen und durch den schmalen Durchgang zum Teich, während sie gleichzeitig einen hübschen Blickpunkt von der Terrasse aus darstellt.

4 Ein Ziegelweg führt vom achteckigen Garten zu den beiden funktionelleren Bereichen, die durch hohe Hecken voneinander getrennt sind. Auf der einen Seite liegt ein Gemüsegarten mit einem Glashaus, auf der anderen eine Rasenfläche für Geräte und Spiele, auf der auch einige Bäume stehen.

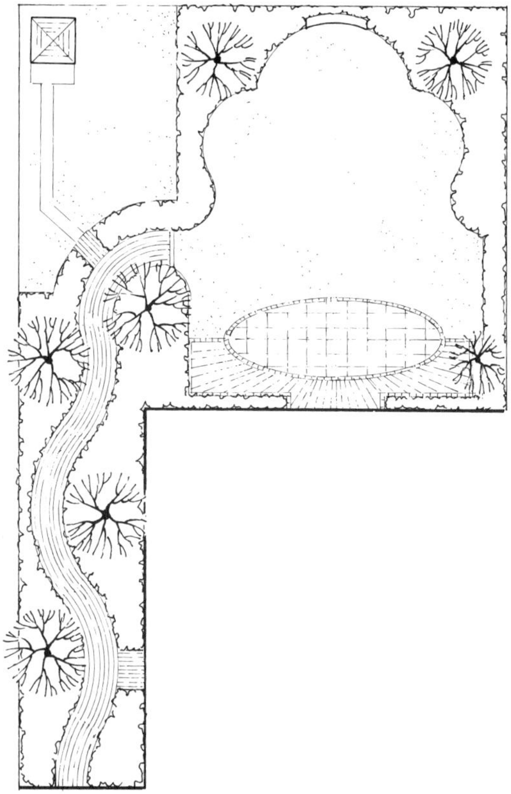

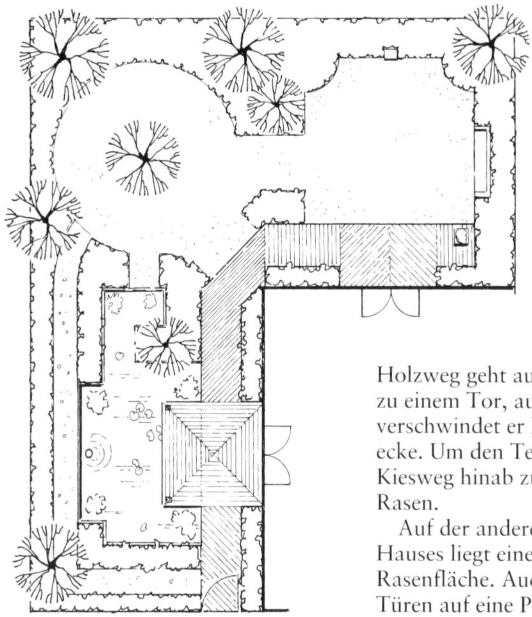

Ein Familiengarten
Auch hier wird die L-Form durch die Hauswände gebildet, doch ist einer der Schenkel extrem schmal. Solche Grundstükke findet man oft bei Reihenhäusern oder einseitig angebauten Häusern. Der schmale Streifen wurde geschickt durch einen kleinen Pfad genutzt, der sich um einige Bäume schlängelt. Der Weg ist mit Ziegelsteinen gepflastert und von bunten Stauden umgeben. Eine Alternative wäre, daß zwischen den Bäumen Gras oder – gegebenenfalls schattenliebende – Bodendecker wachsen.

Der Weg windet sich zu dem großen formalen Hauptbereich des Gartens, wo sich neben der Terrasse ein streng symmetrischer Rasen befindet, der dennoch sanft geschwungen ist. Von der kunstvoll geformten und gepflasterten Terrasse beim Haus geht der Blick über den Rasen, der zu einer dekorativen Bank hin schmäler wird.

Der abgetrennte Bereich des Gartens, mit Rasen und einem kleinen Häuschen, liegt in der linken Ecke und ist den Kindern vorbehalten. Hier könnte aber auch ein größeres Gemüsebeet angelegt werden.

Ein Doppelgarten
In diesem Garten entsteht das »L« durch den Verlauf der Hauswände. Er wurde so gestaltet, daß sich auf den beiden Seiten zwei ganz unterschiedliche Gärten befinden. Ob dies gelingt, hängt wesentlich von dem Bereich ab, der die beiden Flächen trennt und verbindet. Hier wird dieses Problem durch eine runde Rasenfläche mit einem einzelnen Baum großartig gelöst. Gleichzeitig bildet sie ein eigenständiges Element, das in jeden Garten paßt. Der Baum wirkt von beiden Enden aus imposant und bildet den Angelpunkt der gesamten Gestaltung.

Auf einer Seite des Hauses liegt ein Wassergarten. Terrassentüren führen auf eine erhöhte Holzplattform, wo man sitzen und sonnenbaden kann. Ein Holzweg geht auf der einen Seite zu einem Tor, auf der anderen verschwindet er hinter der Hausecke. Um den Teich verläuft ein Kiesweg hinab zu dem runden Rasen.

Auf der anderen Seite des Hauses liegt eine offene, formale Rasenfläche. Auch hier führen Türen auf eine Plattform hinaus. Ein Blickfang befindet sich vor der hinteren Rabatte – etwa eine Vogeltränke. Links verengt sich die Fläche zu dem runden Rasen hin, während rechts eine Bank steht.

Ob formal oder – wie hier – als Naturteich gestaltet, verleiht eine Wasserfläche, die direkt bis zu der Holzplattform am Haus geht, einem Garten zusätzliche Dimension. Selbst ein langer, schmaler Teich füllt den Raum und läßt ihn größer erscheinen. Dies ist eine großartige Möglichkeit, um wie in der oben gezeigten Anlage einen »Schenkel« eines L-förmigen Gartens zu gestalten.

Naturnahe Gärten

L-förmige Grundstücke, die vom Haus wegführen, sind mitunter ideal für Naturgärten geeignet, in denen sich auch Tiere einfinden, da ein Bereich so weit vom Haus entfernt liegt, daß die dort wohnenden Menschen kaum wahrgenommen werden. Bei einem solchen Grundstück ist es auch möglich, wie bei unserem Beispiel, den Garten direkt beim Haus strenger zu gestalten, ohne daß man in Konflikt mit den natürlicheren Bereichen geraten muß.

1 Die Terrasse ist mit Natursteinen gepflastert und wölbt sich in den kurzgemähten Hauptrasen vor. Seine Form, die von Bäumen zu beiden Seiten bestimmt wird, ist zunächst eher symmetrisch, teilt sich dann aber in drei Rasenwege, die um die Ecke und zu einem Steg über den Teich führen.

2 Der Teich ist das zentrale Element des Gartens und bildet von beiden Enden aus den Höhepunkt. Er lädt zur Erforschung ein, denn dank seiner Form und der Uferbepflanzung ist er nur von wenigen Punkten vollständig zu sehen. Das Wasser lockt zahlreiche Tiere an und bietet verschiedensten Pflanzen Lebensraum. An den Rändern des Teichs gedeihen Sumpf- und Feuchtgebietspflanzen, unter ihnen ein kleiner Zierbaum mit herabhängenden Zweigen wie etwa Salix caprea 'Pendula', der in einer Ecke wächst.

3 Eine Wildblumenwiese bildet den Mittelpunkt des naturnahen Bereiches. Vom Teich führt ein gemähter Weg dorthin, und auch wenn die geschwungenen Ränder der Wiese recht symmetrisch verlaufen, verschwinden sie völlig unter dichten Stauden und Sträuchern, die – zusammen mit sorgfältig plazierten Bäumen – viele verborgene Bereiche entstehen lassen. In der hinteren Ecke steht auf einem Natursteinpflaster, in dessen Ritzen Gras wächst, ein rustikales offenes Sommerhaus mit einem Strohdach, das sich harmonisch in die Umgebung einfügt.

Links: Die schlichten Konturen einer Bogenbrücke stellen eine anspruchsvollere Alternative zu dem einfachen Steg dar, der für den Naturgarten auf den vorangegangenen Seiten und den waldigen Garten rechts vorgeschlagen wurde. Wenngleich diese Brücke mehr Eigencharakter hat, harmonieren ihre natürlichen Materialien und sanft geschwungenen Formen gut mit der natürlichen Umgebung. Und während ein Steg erst in Sicht käme, wenn man die Wegbiegung erreicht, verrät der hohe Bogen diese hübsche Brücke (und das Wasser, welches sie überspannt) schon aus der Entfernung.

Oben: Wie der waldige Garten zeigt, lassen sich eckige Elemente gut mit natürlich bepflanzten Flächen kombinieren. Hier, am »Drehpunkt« zwischen der künstlicheren Anlage neben dem Haus und den naturnaheren Strauch- und Baumpflanzungen, die sich bis zur hinteren Grundstücksgrenze erstrecken, weist die Gestaltung darauf hin, daß an dieser Stelle Mensch und Natur nebeneinander existieren. Die Blattpflanzen wurden sorgfältig gruppiert, können jedoch ungehindert wachsen. Die klare Geometrie von Tisch und Stühlen wiederholt sich im Pflaster, wird aber abgemildert, da sich Gras und kleine Pflanzen bis in die Platten hineinschieben.

Ein bewaldeter Garten

In diesem Garten gibt es eine klare Unterscheidung zwischen streng und freigestaltetenem Bereich, obwohl auch formale Elemente in den wilden Bereich hineinragen. Aber da es sich um eine natürliche bewaldete Fläche handelt, wird die Trennlinie rasch durch dichtstehende Bäume verborgen.

Der formale Gartenbereich beim Haus ist asymmetrisch. Die gepflasterte Terrasse wurde in einem Winkel zum Haus angelegt, so daß man schräg über den Garten schaut. Die diagonalen Linien setzen sich fort, und der schräge Rasen läßt interessant geformte Rabatten und teilweise verborgene Bereiche entstehen. Ein schmaler Pfad geht von der Terrasse aus an einer Seite entlang und biegt dann zum Wäldchen ab. Dort trifft er auf einen einfachen Holzsteg, der über den L-förmig angelegten Teich führt. In ihm wiederholt sich die Form des Rasens und des gesamten Gartens.

In der hinteren Ecke des Rasens kann man sich unter einem Baum auf einer Bank ausruhen, von der man eine vollkommene Aussicht über Teich und Wald hat. Diese abgeschiedene dichtbewaldete Fläche wirkt sehr einladend – sie ist eine Oase für alle möglichen Tiere und eine Verlockung für jeden Besucher. Sie wurde so naturnah wie möglich belassen, und nur der rindenbedeckte Pfad windet sich zu einer Bank am Rand einer kleinen Lichtung, die auf diese Weise bequemer erreichbar ist.

Dachgärten

Dachgärten sind oft L-förmig, da gewöhnlich eine Treppe oder irgendein anderer Zugang von unten in die Dachfläche hineinragt. Die Gestaltung eines Dachgartens ist verschiedenen Beschränkungen unterworfen. Naheliegenderweise darf die Sperrschicht gegen Feuchtigkeit nicht beschädigt werden, und die Dachkonstruktion muß zusätzliche Last tragen können. Wie bei diesem Garten sollte man große Pflanzen – und alle anderen schweren Elemente – nahe bei den tragenden Wänden aufstellen.

Die Pflanzen selbst müssen robust genug sein, um in Gefäßen wachsen zu können, in denen Hitze und Kälte meist extremer zu spüren sind. Außerdem müssen sie dem starken Wind standhalten, der auf Dächern oft anzutreffen ist. Während der Wachstumsperiode kann man aber auch empfindlichere Pflanzen dazusetzen. Häufig ist irgendein Windschutz erforderlich, aber man sollte sich erkundigen, ob möglicherweise gesetzliche Vorschriften das Aufstellen von unten sichtbarer Schutzschirme und Pflanzen einschränken oder verbieten.

1 Die Pergola ist ein wesentliches Element dieser Gestaltung. Sie sorgt nicht nur für Schatten und dient blühenden Kletterpflanzen als Stütze, sondern läßt den Raum auch intimer erscheinen, indem sie die Aussicht beschränkt. Damit sie stabil genug ist, wurde sie an Mauern, Bank und Pflanzgefäß befestigt.

2 Die meisten Pflanzen stehen an den Außenkanten des Daches vor den Brüstungsmauern. Sie wachsen in Holzgefäßen unterschiedlicher Höhe in Erde, die leicht ist und Feuchtigkeit hält. An den Ecken sorgen zwei kleine Bäume für Höhe, von denen einer mit seinen ausladenden Zweigen gleichzeitig einen Wassertank oder ein Kühlsystem verstecken hilft. Häßliche Elemente wie dieses finden sich auf den meisten Dächern – sie können auch mit Spalieren oder Pflanzgefäßen verdeckt werden.

3 Der mittlere Bereich hat einen Schieferplattenbelag, doch auch jedes andere leichte, dauerhafte Material ist geeignet. Eine Eckbank aus Holz wird teilweise durch einen der Bäume versteckt. Ihre Sitzflächen sind mit Scharnieren befestigt, um darunter Raum zum Lagern zu schaffen. Davor steht ein passender Holztisch. Um das Pflaster wurde leichter Kies verteilt, der einen schönen Hintergrund für kleinere Pflanzgefäße bildet.

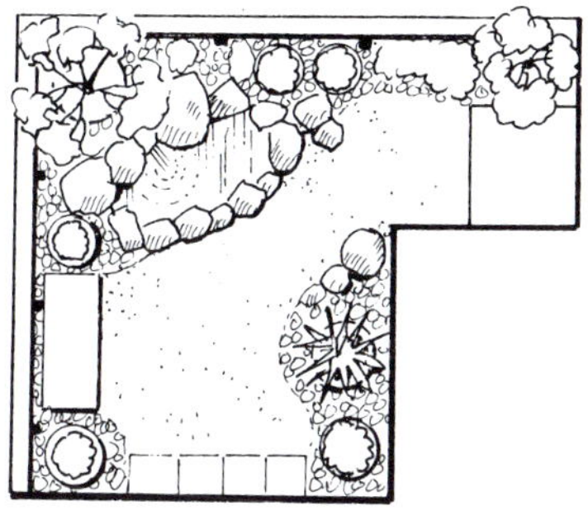

Ein schlichter Garten
Dies ist eine einfachere – und etwas preiswertere – Alternative. Den Mittelpunkt bildet ein kleiner, sehr flacher Teich mit einem plätschernden Brunnen, der schwarz ausgekleidet ist, so daß er wie ein Spiegel wirkt. Er wird von Felsen aus Kunststoff oder Beton umgeben, die sehr echt aussehen, doch nur einen Bruchteil von richtigem Stein wiegen.

Der mittlere Bereich hat einen Belag aus leichtem Kies – ein ausgezeichnetes Material für Dachgärten – und einigen dünnen Pflasterplatten bei der Türschwelle. Auf einer Seite steht eine einfache Bank. Die beiden Bäume sind erhalten geblieben, doch ist die Bepflanzung insgesamt spärlich. Einige Pflanzen wachsen in Dekorgefäßen, bei anderen sind die Töpfe mit Steinen und Kies versteckt worden. Der Garten ist mit einem Spalier und wenigen Kletterpflanzen umgeben, und man fühlt sich ungestört, ohne daß die Aussicht völlig versperrt wäre.

GÄRTEN RUND UMS HAUS

Mehr als bei anderen Grundrissen ist ein Garten, der rund ums Haus geht, ein individueller Fall. Viele Variablen kommen zusammen, wie die Gartenfläche, der Verlauf der Grenzen, Form und Größe von Haus, Garagen und Außengebäuden sowie deren Position, Richtung und Art des Zuganges und die Lage des Grundstückes.

Dennoch gibt es bei der Planung derartiger Gärten auch Faktoren, die allen gemein sind. Da der Zugang zum Haus durch einen Teil des Gartens erfolgt und weitere Bereiche im Hintergrund liegen, können Sie hier genau die Umgebung schaffen, die das Haus am besten zur Geltung kommen läßt. In den Beispielen auf den Seiten 126/127 und 130/131 ist vor dem Haus ein reizvoller Bereich mit einer geschwungenen Auffahrt und einem runden Mittelpunkt entstanden. Den ersten dieser Vorgärten erreicht man über einen kurzen Weg, der von Bäumen gesäumt wird; eine zweite solche Auffahrt bildet den Zugang zu dem Garten auf Seite 133. Selbst im kleineren Maßstab kann sie noch erhaben wirken.

Da relativ viel Platz vorhanden ist, kann man im Garten einige Bereiche für besondere Zwecke reservieren. Abgeschiedene Teile können die Wahl zwischen Sonne und Schatten ermöglichen, und manche liegen vielleicht nahe beim Haus, andere hingegen irgendwo versteckt im Innern des Gartens.

Funktionale Bereiche, die als Parkfläche, als Küchengarten oder für sportliche Aktivitäten genutzt werden, müssen keine Störfaktoren im Ziergarten sein. Bäume, Sträucher, Hecken und dekorative Zäune, hinter denen diese Elemente verborgen werden können, schaffen gleichzeitig Möglichkeiten für Pflanzungen, die interessante Blickfänge entstehen lassen. Die Wege, welche die verschiedenen Bereiche verbinden, können der Gliederung des Gartens dienen. Wenn sie ausgewogene Proportionen haben und teilweise außer Sichtweite liegen, vereinigen sie die verschiedenen Elemente und verlocken den Besucher zur Erforschung des Gartens.

Eine Variation des Themas »Weg«, die sich ideal für große Gärten eignet, sind großzügige Pergolen. Sie können dazu dienen, einen Bereich in kleinere Teilräume zu trennen und erzeugen zudem ein Gefühl der Ungestörtheit und Abgeschiedenheit, das ausgedehnten Grundstücken oft fehlt, wie schön sie auch angelegt sein mögen. Der rosenüberwachsene Wandelgang in dem Garten auf Seite 132 nimmt nur einen schmalen Streifen nahe der Grundstücksgrenze in Anspruch, doch hätte ein solcher Gang auch in einer zentraleren Position eine großartige Wirkung. Lauben und Sommerhäuschen – wie in der Abbildung auf Seite 131 gezeigt – gewährleisten Ungestörtheit und Ruhe, die um so notwendiger sind, wenn der Weg durch den Garten lang war.

In einem Garten, der rund ums Haus geht, ist meist die Kombination von formaler und freier Gestaltung möglich. Dies wird vor allem in dem Garten auf Seite 130/131 deutlich, in dem es neben symmetrischen Rasenflächen und Rabatten, die eine klassische Aussicht bieten, auch eine Wildblumenwiese und ein naturnahes Wäldchen gibt. Rechtwinklige Grundstücksgrenzen kann man hinter natürlichen Pflanzungen verstecken, oder man nutzt sie als strukturgebende Hilfslinien. Auf einem unregelmäßigen Grundstück können geometrische Elemente eigene Bereiche entstehen lassen – im Familiengarten auf Seite 130/131 ist es das Kreismotiv –, oder die geraden Linien des Hauses fortführen. Ein mehr oder minder formaler Bereich wie eine Terrasse ist beim Haus stets eine gute Lösung und daher in alle nachfolgenden Gestaltungen einbezogen worden.

Jeder Abschnitt eines Gartens rund um das Haus kann als abgeschlossener Bereich, fast als eigenständiger Garten gestaltet werden. Wenn man einen schön angelegten Garten erkundet, begegnet man einer Abfolge von Bildern, die zum Teil von anderen Bereichen aus nicht einsehbar sind und so zusätzlichen Reiz erhalten. Auf dieser Seite des Hauses kommen Rasen und Rabatte in einer sanft geschwungenen Linie zusammen, die die dahinterliegende gerade Grundstücksgrenze auflockert. Ein großer Baum im Rasen bildet ein optisches Gegengewicht zum Haus. Vorn verspricht ein Weg raschen Zugang zu dem Bereich gleich hinter der Ecke. Eine schrägstehende Bank weiter hinten läßt vermuten, daß man von dort eine schöne Aussicht hat, die in Ruhe genossen werden sollte.

Gärten für Sportfreunde

Große Gärten bieten Familien, die gern Sport treiben, viele Möglichkeiten. Da aber Schwimmbecken und vor allem Tennisplätze im Winter wenig reizvoll aussehen, werden sie am besten weit vom Haus entfernt oder versteckt angelegt. Dieser Garten ist in mehrere unterschiedliche – formal und freigestaltete – Bereiche unterteilt. In ihm haben neben einem Schwimmbecken und einem Tennisplatz auch Rasenflächen für Ball- und Kinderspiele und zusätzlich einige abgeschlossene Bereiche, die der Entspannung dienen, ausreichend Platz. Verschlungene Wege laden zur Erforschung dieses faszinierenden Gartens ein.

1 Ein großer Baum mit hängenden Zweigen bildet den Mittelpunkt der breiten Auffahrt. In dem geschwungenen Ende des Vorderrasens, das von einer immergrünen Hecke geformt wird, wiederholt sich die Rundung der Auffahrt. Die Hecke dient als Hintergrund für eine kleine Statue, die Blickpunkt und gleichzeitig Gegengewicht zur immergrünen Hecke auf der anderen Seite der Auffahrt ist, welche den Gemüsegarten versteckt. Der gesamte Vorderbereich dient als stimmungsvolle Umgebung für das Haus und wird durch eine Baumreihe vor der Straße geschützt.

2 Ein Steinpflaster führt um das Haus und zu einer breiten Terrasse, auf die man von einem Wintergarten gelangt. Rechts vom Haus liegt ein abgeschlossenes, streng formales Gärtchen mit einem vertieften Teich und einer Steinbank. Der Kontrast zwischen diesem und dem Hauptbereich ist deutlich, obgleich beide streng angelegt sind. Die breiten Stufen der Terrasse verstärken den Eindruck von Weite, den die geschwungene Rasenfläche hervorruft. Von hier fällt der Blick auf einen großen Baum am Ende der Rasenfläche, die von gleichen Bäumen gesäumt wird. Auf der Querachse liegen rechts ein Blickfang und links ein Ausgang aus diesem formalen Bereich.

3 Das Schwimmbecken ist aus verschiedenen Richtungen erreichbar und von recht hohen Pflanzen umgeben, die es vor Wind und Einblicken vom Haus schützen. Es hat eine unregelmäßige Form und fügt sich gut in die Gestaltung dieses Gartenbereiches ein. An einem Ende liegt ein kleines Sommerhaus, das auch als Umkleideraum dient. Auf der einen Seite schaut es über das Becken, auf der anderen auf einen vollkommen frei gestalteten Naturgarten. Die Plazierung der Bäume und die geschwungene Form der Wiese sorgen dafür, daß viele Teile dieses Bereichs im Verborgenen liegen.

4 Der Tennisplatz befindet sich ganz hinten. Er wird von hohen Pflanzen geschützt und von einem dunkelgrünen Drahtgeflechtzaun umgeben, der gut mit dem Hintergrund harmoniert. An einem Ende steht ein kleiner Pavillon, wo man sich ausruhen und entspannen kann, dahinter führen Wege in einen bewaldeten Bereich. In der Mitte liegt in einer Mulde versteckt eine kleine Lichtung für besinnliche Stunden.

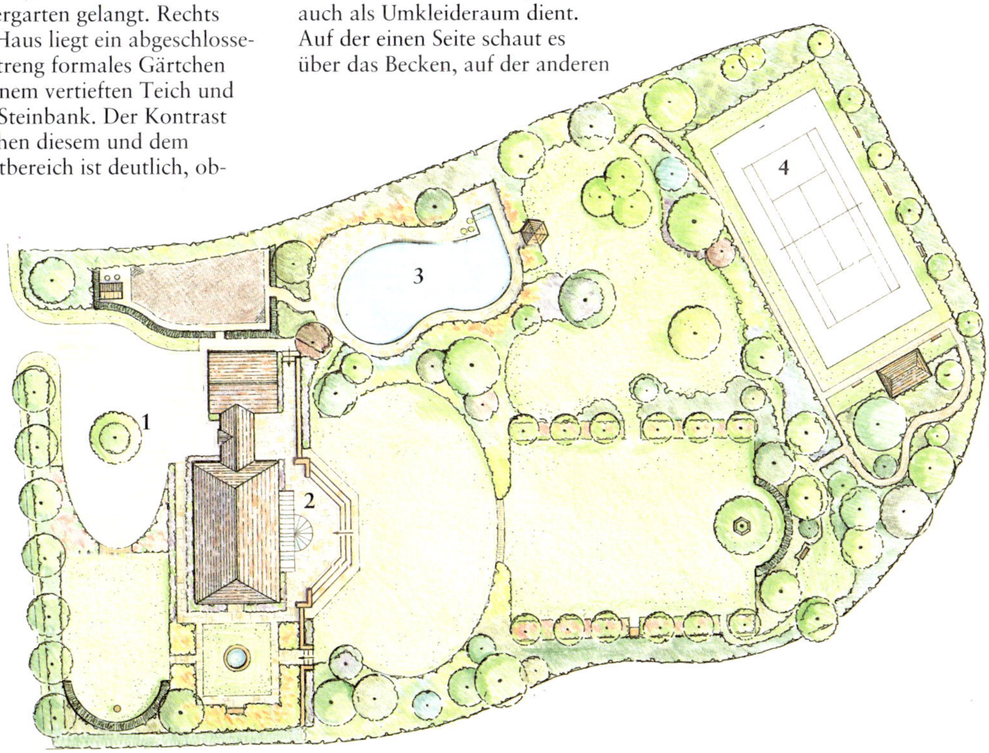

Von der Terrasse aus ist die Sicht auf den hinteren Rasen durch geschwungene Rabatten begrenzt, was den Eindruck von Ferne zusätzlich verstärkt. In der Lücke sind Ziegel verlegt, die die Form der Rasenkante fortführen. Die überlegte Baumbepflanzung lenkt das Auge entlang der Achse auf einen großen einzelnen Baum, dessen Stamm von einer Holzbank umgeben wird. Im Hintergrund befindet sich eine runde immergrüne Hecke.

Auch wenn ein Swimming-Pool in warmen Gegenden ein großartiges Element der Gartengestaltung sein kann, gibt es oft gute Gründe, ihn hinter Pflanzen zu verstecken. Die Badenden sind dankbar für den Schutz vor Wind und Sonne und für Ungestörtheit. Außerdem hat ein solches Becken immer einen funktionellen, künstlichen Charakter, selbst wenn man ein »natürliches« Design wählt. Daher fügt es sich möglicherweise in naturnah gestalte Gärten nicht gut ein. Und natürlich wirkt ein Swimming-Pool an kalten Wintertagen wenig reizvoll. In einem abgetrennten Gartenbereich kann das Schwimmbecken hingegen Mittelpunkt der Gestaltung werden, wie in diesem Beispiel, wo es mit den umliegenden Mauern und Pflanzgefäßen harmoniert. Pflanzen, die über die Grenzen hinweg zum Rand des Wassers wuchern, tragen dazu bei, das Becken in den dahinterliegenden Garten einzubeziehen.

Ein frei gestalteter Garten
Dieser Garten verjüngt sich zum hinteren Ende hin. In die dortige Schräge wurde, den Grenzen der Grundstücke folgend, der Tennisplatz gelegt, den Bäume und Sträucher abschirmen. Die Stelle wäre auch für ein Schwimmbekken geeignet. An einem Ende des Platzes liegt ein halbrundes Pflaster mit einer Bank und einer Grillstelle, wo man Feste im Freien feiern kann.

Zwischen Tennisplatz und Haus verstecken klug gepflanzte Bäume und Blumenrabatten die geraden Linien des Grundstücks und lassen mehrere natürlich begrenzte Räume entstehen. Von einer Bank in der seitlichen Rabatte blickt man zurück auf das Haus und die abgerundete gepflasterte Terrasse.

Die Auffahrt wurde seitlich angelegt, um möglichst viel Platz für den Rasen zu lassen, der sich vor allem für Ballspiele eignet. Sie verläuft zwischen Bäumen hin zu einem gepflasterten Hof, der auf zwei Seiten von Haus und Garagen eingeschlossen wird.

Ein formaler Garten

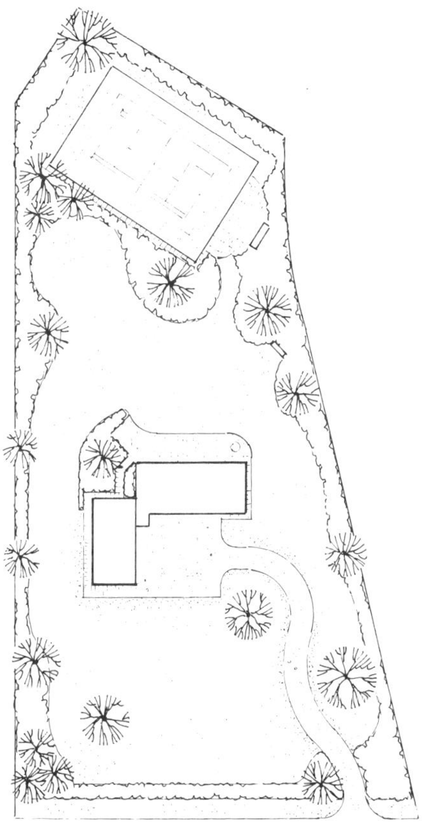

Ein frei gestalteter Garten

Ein formaler Garten
Auch in diesem Garten wurde eine möglichst große Fläche Spielen vorbehalten, doch liegt sie hier hinter dem Haus, so daß die Auffahrt ihr keinerlei Platz streitig macht.

Der rückwärtige Garten ist symmetrisch und formal angelegt. Der Blickpunkt am Ende liegt in einer halbrunden Ausbuchtung, die die Form der Terrasse beim Haus wiederholt und zwei Ausbuchtungen auf der Querachse gleicht. In einer befindet sich eine Bank, in der anderen ein Durchgang zu einem Weg, der an der Seite entlangläuft. In den Ecken stehen vier gleiche Bäume, welche die formale Ebenmäßigkeit des Bereiches betonen.

Der Vordergarten ist asymmetrisch. Hier befindet sich ein kleines Schwimmbecken, das vor Einblicken geschützt sein soll. Dies geschieht durch eine hohe immergrüne Hecke, die zuerst im rechten Winkel und dann in einem Bogen verläuft und das Becken umschließt. Ein achteckiges Sommerhäuschen in der Ecke blickt auf das Becken. Von der Ecke gegenüber führt ein Weg um die Hecke und dann durch Sträucher und Bäume zu einer kleinen gepflasterten Terrasse.

Von der Straße gesehen befindet sich links ein kleines Stück immergrüne Hecke. Die Auffahrt wird dort von identischen Bäumen gesäumt, die einen eindrucksvollen Zugang für den gesamten Garten bilden.

Familiengärten

Die Gestaltung von Gärten, die rund ums Haus gehen, wird meist durch dessen Lage auf dem Grundstück bestimmt – es kann etwa dicht an einer der Grenzen liegen –, oder durch die Form des Grundstückes selbst, die vielleicht ungewöhnlich ist. Die Grenzen dieses Gartens verlaufen sehr unregelmäßig. Durch sie und die Lage des Hauses entstehen einige seltsam geformte Flächen. Dennoch ist durch die Verwendung von Kreisen und geschwungenen Formen eine wunderschöne und harmonische Anlage entstanden, die im ganzen Garten für Bewegung und Kontinuität sorgt und zur Erforschung einlädt.

1 Eine von Bäumen gesäumte Auffahrt markiert den Eingang des Gartens. Sie führt um eine runde Fläche mit einem Baum und einem Blumenbeet in der Mitte zur Eingangstür des Hauses und weiter zu der von Bäumen und Blumenbeeten umgebenen Garage. Zwischen Garage und Auffahrt versteckt sich ein kleiner Rasen mit einer geschützten Bank. Die breiten Grasstreifen rund um die Auffahrt verleihen dem Vordergarten den Eindruck von Weite.

2 Das Haus ist auf drei Seiten von einer Terrasse umgeben, wo man immer die Wahl zwischen Sonne oder Schatten hat. Eine Holzpergola spendet zusätzlichen Schatten. Daneben windet sich ein breiter Rasenweg sanft zur Auffahrt. Auf der anderen Seite gibt es eine Pflasterfläche im Rasen, der von Bäumen und Blumenbeeten gesäumt ist. Unter einem Baum steht eine Steinbank, rechts von ihr führt ein schmaler Rasenweg außer Sichtweite.

3 Der runde Teich in einer kleinen Mulde liegt in direkter Linie mit der Hauptterrasse auf der Rückseite des Hauses. Dazwischen erstreckt sich ein großer Rasen mit vereinzelten Bäumen. Die drei schlichten Bänke sind umgeben von Bäumen und Sträuchern, die gleichzeitig als Hintergrund für den Teich dienen. Dahinter liegt ein geschwungener und sich verjüngender Rasenweg mit einer Bank, die von Bäumen und Sträuchern eingerahmt wird.

4 Eine Rasenspirale mit einem hübschen Häuschen in der Mitte ist das zentrale Element des Gartens und führt die geschwungenen Formen fort. Sie entsteht durch eine spiralig gepflanzte blühende Hecke – etwa aus Strauch- oder Hundsrosen – und wird auf einer Seite von einer immergrünen Hecke gesäumt, die die rechtwinkligen Ecken am Ende des Grundstückes verbirgt. Hinter ihr liegen ein Gemüsegarten, eine Werkstatt, ein Glashaus und einige Obstbäume.

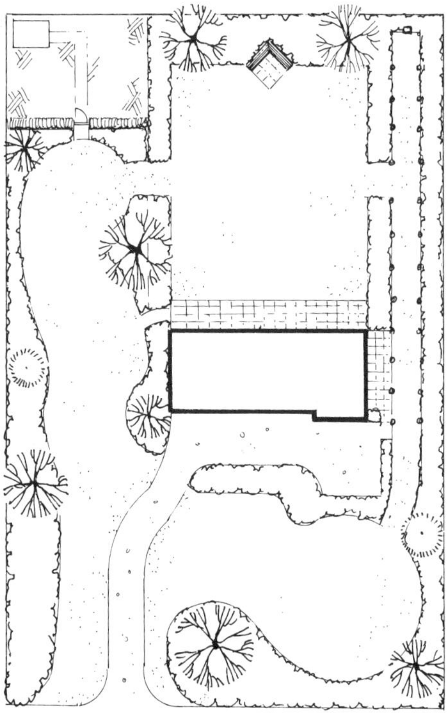

Ein Rasengarten

Hier liegt das Haus dicht an der Grundstücksgrenze. Die so entstandene schmale Fläche wurde zur Anlage eines rosenüberwachsenen Wandelganges benutzt. Er wird von Pfosten gesäumt, die mit Schnüren verbunden sind und an denen Schlingrosen wachsen. Der Weg führt nach hinten, wo eine Statue den Blickpunkt bildet.

Der übrige Garten teilt sich in drei große Rasenflächen, wo reichlich Platz zum Spielen ist. In einer Ecke versteckt sich ein Gemüsegarten. Ein langer geschwungener Rasen, an dessen Ende sich das Gemüsebeet befindet, bildet einen Ausgleich zu dem Rosengang. Hinter dem Haus liegt ein großer formaler Garten mit einer breiten gepflasterten Terrasse, einem rechteckigen, von Rabatten umgebenen Rasen und einer rautenförmigen Sitzecke, die von zwei identischen Bäumen flankiert wird. Der Vorgarten besteht aus der Auffahrt und einer offenen Rasenfläche, die durch sorgfältig plazierte Bäume und Beete bestimmt wird. Vor dem Haus verbreitert sich die Auffahrt, so daß genug Platz für Fahrzeuge vorhanden ist.

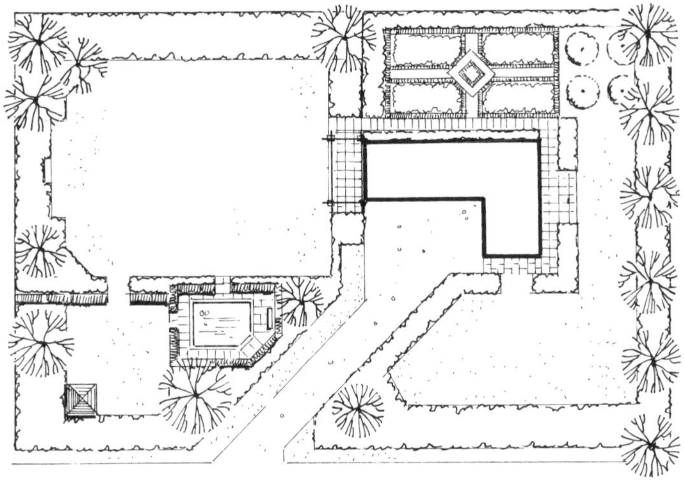

Ein formaler Garten

In diesem Garten liegt das L-förmige Haus nahe bei der hinteren rechten Ecke, weshalb mehr Sorgfalt auf die Anlage großer, ungestörter Bereiche verwendet werden muß, da sie nicht vom Haus geschützt werden. Hier lassen mehrere große und kleine abgeschlossene Räume, die formal angelegt wurden, einen reizvollen Garten entstehen.

Die Auffahrt trifft schräg auf das Haus – ein auffälliges Gestaltungselement, das interessante Formen schafft. Auf der rechten Seite wiederholt sich in einem umschlossenen Rasen der L-förmige Grundriß des Hauses, das selbst fast vollständig von einer gepflasterten Terrasse umgeben ist. Eine blühende Hecke vorn und eine Baumreihe an der Seite sorgen für Ungestörtheit.

Die kleine Fläche hinter dem Haus wird durch ein hübsches Parterre genutzt.

Der größte Gartenbereich links besteht aus einem offenen rechteckigen Rasen, der von Blumenrabatten umgeben ist. Den Höhepunkt bildet eine Steinbank. Von der Terrasse wird der Blick durch eine Pergola mit einer blühenden Kletterpflanze wie Blauregen eingerahmt. Zwei Durchgänge führen in kleine reizende Gartenräume. Einer besteht aus einem kleinen Rasenquadrat mit einem Sommerhaus in der Ecke. Er wird fast vollkommen von Bäumen, einer hohen Blütenhecke und von einer immergrüne Hecke umschlossen. Im zweiten Raum finden sich ein kleiner Teich und Bänke, die von einer immergrünen Hecke umgeben sind.

GÄRTEN RICHTIG PLANEN

Das Anfertigen eines Gartenplans besteht aus vier Arbeitsschritten: Zunächst werden in einem Lageplan der genaue Verlauf der Grundstücksgrenzen und alle wichtigen Elemente eingezeichnet. Mit der Bestandsaufnahme werden Details wie Höhenunterschiede, Himmelslage und Bodentyp erfaßt. Ein Nutzungsplan legt die Position der Hauptbereiche innerhalb des Gartens fest, und der Grundrißplan schließlich zeigt die exakten Positionen und Formen aller Elemente im Garten.

Zum Schluß müssen dann noch die Materialien für Mauern, Zäune und Pflasterflächen, die »dynamischen« Elemente wie Rasen und Pflanzen und außerdem die dekorativen und funktionalen Extras wie Statuen, Möbel und Beleuchtung ausgewählt werden.

Ausmessen des Gartens

Ein Grundstück auszumessen, nimmt viel Zeit in Anspruch; daher sollten Sie feststellen, ob sich nicht vielleicht bereits ein Lageplan bei den anderen Grundstücksunterlagen oder – wenn der Bau des Hauses noch nicht lange zurückliegt – beim Architekten befindet. Prüfen Sie Genauigkeit und Maßstab an einigen Beispielen. Sind keine genauen Unterlagen vorhanden, müssen Sie Ihr Grundstück selbst ausmessen und einen Plan erstellen.

Das Anfertigen eines eigenen Planes ist auch deshalb sehr empfehlenswert, da man dafür in jeden Winkel des Gartens gehen und jedes Element in Augenschein nehmen und untersuchen muß. Es ist sinnvoll, sich dabei detaillierte Notizen zu machen, etwa über Bäume und Sträucher, die erhalten bleiben sollen, Kanaldeckel, die den Verlauf eines Weges beeinflussen können, oder die Lage eines Hochbeetes. Und wenn Sie beispielsweise bemerken, daß Mauern und Zäune einen Höhenunterschied anzeigen, notieren Sie auch das, da es eine nützliche Information ist, wenn Sie später bei der Bestandsaufnahme alle Aspekte – innerhalb und außerhalb des Gartens – einbeziehen, die vielleicht Einfluß auf die Gestaltung haben.

Ein Garten läßt sich sehr viel leichter ausmessen, wenn man einen Helfer hat. Zur Ausrüstung sollten ein 30 m langes Maßband für große Entfernungen gehören (bei großen Gärten sind zwei dieser Maßbänder hilfreich), ein 3 m langes Stahlmaßband für kurze Strecken und ein Maßstablineal.

Zum Zeichnen des Plans benötigt man Radiergummi, Zirkel, Kompaß, Stifte und ein großes Stück Millimeterpapier. Schließlich ist noch eine tragbare feste Unterlage für das Papier eine große Hilfe.

Die einfachsten Möglichkeiten, das Gelände auszumessen, sind die *Sichtmethode* und die *Dreiecksmethode*. Mit beiden ist eine detaillierte Aufgliederung der vorhandenen Flächen möglich. Die Sichtmethode wird angewandt, wenn das Haus gerade auf einem rechteckigen Grundstück steht. Die Dreiecksmethode wird bei Grundstücken mit einem unregelmäßigen Grundriß benutzt und – in Kombination mit der Sichtmethode – bei Gärten, deren Grenzen nicht gerade verlaufen. Bei diesem Verfahren werden Dreiecke konstruiert, um so die Position von Bezugspunkten wie Ecken, Bäume und Wege festzulegen.

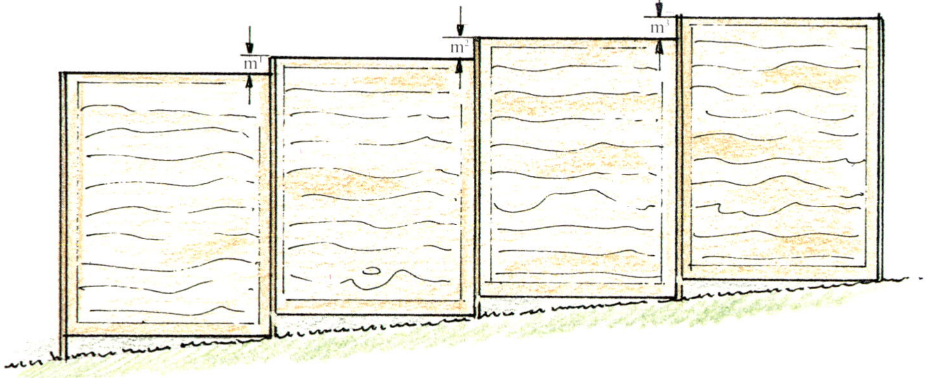

Mauern und Zäune können einen Hinweis geben, ob das Gelände ein Gefälle hat. Wenn ein Zaun beispielsweise aus waagerecht aufgestellten Einzelelementen besteht – dies läßt sich mit einer Wasserwaage leicht überprüfen –, kann man die vorhandenen Stufen ausmessen und den Höhenunterschied addieren, um in etwa das Gefälle auf der gesamten Länge des Zaunes berechnen. Auch Ziegelmauern werden gewöhnlich waagrecht errichtet. Hier kann man einfach eine längs verlaufende Fuge, die am höchsten Punkt in Bodenhöhe beginnt, bis zum Ende der Mauer verfolgen, um festzustellen, wie stark das Gelände im Verhältnis zu dieser Mauer abfällt.

Der Lageplan

Beginnen Sie damit, den Garten in wenigstens zwei Richtungen abzugehen, um eine Vorstellung von seiner Gesamtgröße zu erhalten. Ein Schritt sollte etwa 1 m entsprechen. Stellen Sie ungefähr fest, ob der Plan auf dem Millimeterpapier Platz hat. Danach kann man die exakten Maße ausmessen. Am besten beginnen Sie mit dem Haus, messen die Außenwände aus und zeichnen die Maße einschließlich der Fenster und Türen ein. Notieren Sie auch, welche Räume sich wo befinden. Auf diese Weise können Sie die verschiedenen Aussichten nutzen und leichter praktische Aspekte berücksichtigen, etwa um eine Terrasse – sofern möglich – vor dem Wohnzimmer anzulegen oder ein Gemüsebeet in der Nähe der Küche.

Der nächste Schritt besteht darin, das umliegende Gelände mit Hilfe der im folgenden beschriebenen Sicht- oder Dreiecksmethode auszumessen.

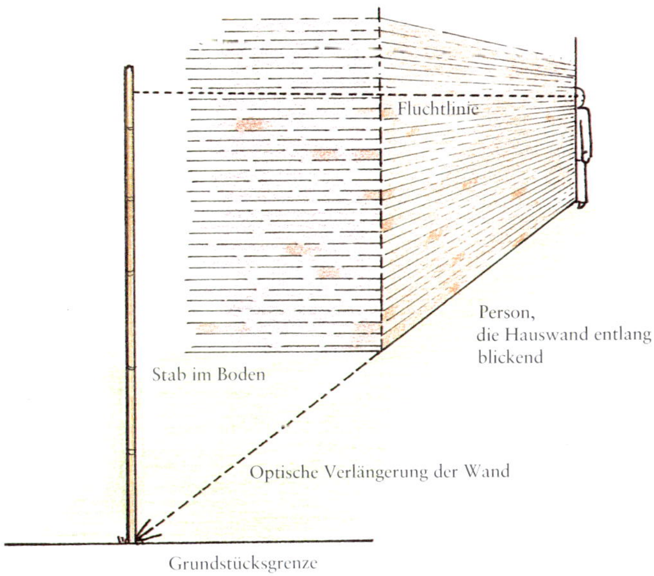

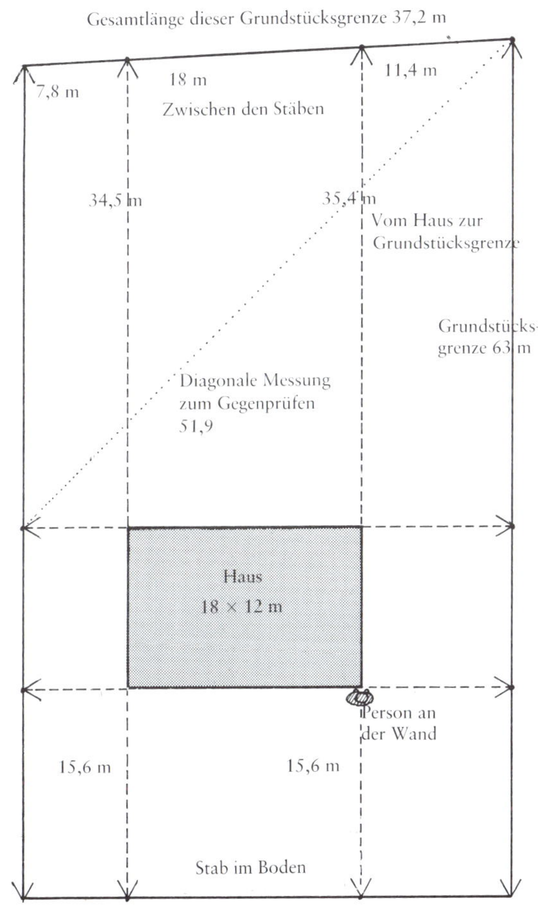

Bei der *Sichtmethode* stellen Sie sich so an eine Hausecke, daß die Hausmauer als klare Linie zu sehen ist. Dann schauen Sie zur Grundstücksgrenze und bitten einen Helfer, den Schnittpunkt von Grundstücksgrenze und Fluchtlinie mit einem Stab zu markieren. Auf diese Weise fahren Sie fort, wobei Sie alle vier Hauswände als Fluchtlinien benutzen (rechts). Dann werden die Abstände zwischen dem Haus und den einzelnen Stäben sowie zwischen den Stäben ausgemessen, maßstabgerecht verkleinert und in den Plan eingetragen.

Bei der *Dreiecksmethode* dienen die Hauswände als Grundlinien für die Dreiecke. Nehmen Sie als Beispiel Ecke 1, die gegenüber von Hauswand A-B liegt. Sie messen die Entfernung zwischen A und 1, verkleinern sie entsprechend dem gewählten Maßstab und greifen die Strecke mit dem Zirkel ab. Dann stechen Sie die Stahlspitze des Zirkels in Hausecke A und schlagen an der ungefähren Position von Grundstücksecke 1 einen Halbkreis. Ebenso verfahren Sie mit der Strecke zwischen Punkt 1 und Hausecke B. Der Punkt, an dem sich die beiden Kreise überschneiden, ist die genaue Position von Ecke 1.

So fährt man fort, bis das ganze Grundstück erfaßt ist, wobei man der Genauigkeit halber zusätzliche Messungen vornehmen sollte. Wenn beispielsweise Ecke 2 von Hauswand A-B aus festgelegt wurde, kann sie mit Hilfe von Ecke 1 gegengeprüft werden, indem die Strecke B-2 als Grundlinie für ein neues Dreieck verwendet wird.

Wenn eine Grenze zwischen zwei Punkten in einem Bogen verläuft (wie etwa zwischen den Punkten 1 und 5), wird eine Grundlinie zwischen diesen Punkten markiert, und von dort aus mißt man dann in regelmäßigen Abständen und in einem Winkel von 90° die Entfernung zwischen Grundlinie und Grenze aus. Bei einer geringen Krümmung sind weniger Punkte erforderlich als bei einer stärkeren.

Bei Flächen, die man nicht direkt vermessen kann – etwa einem großen Teich oder einem dichten Gebüsch – werden mit Hilfe der oben beschriebenen Methode die Umrisse der Fläche ermittelt. Nach dem Festlegen von Grundlinien mißt man die Abstände zu mehreren Punkten entlang der Konturen aus.

Auch größere Gärten können vollständig ausgemessen werden, indem man beliebig viele Dreiecke konstruiert. Am besten verwendet man hier zwei Maßbänder. Eines legt man als Grundlinie auf den Boden, während man das andere zum Messen selbst benutzt.

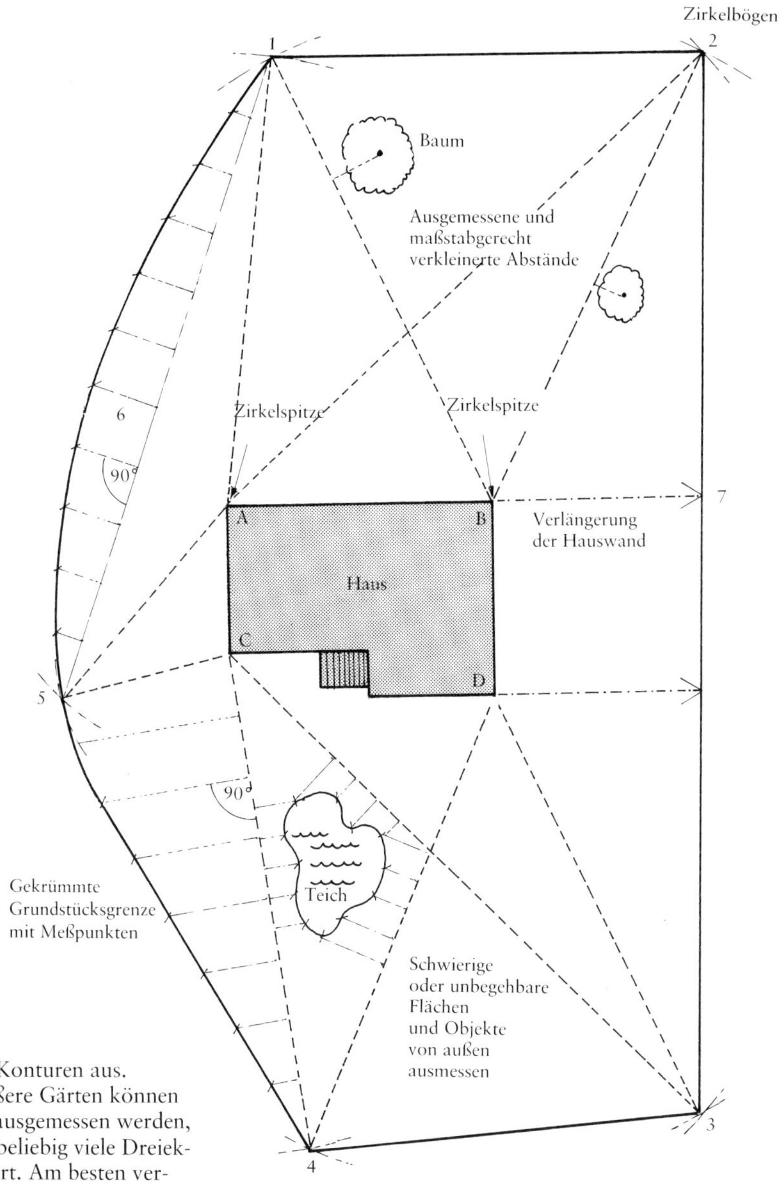

Die Bestandsaufnahme

Als nächstes wird nun ein Plan erstellt, der Höhenunterschiede, die Himmelslage (mit einem Vermerk über schöne oder häßliche Aussichten) und eine Bodenanalyse enthält.

Höhenangaben werden auf dem Plan mit einem Kasten eingerahmt, wobei man mit einer gewählten Bezugshöhe (als 0,0 gekennzeichnet) beginnt. Sie zeigen an, wo das Gelände (im Verhältnis zur Bezugshöhe) ansteigt beziehungsweise abfällt. In Gärten, in denen es fast nur Rasen und Pflanzungen gibt, ist es meist nicht notwendig, die Höhenunterscheide zu vermerken, vor allem wenn sie nur geringfügig sind. Wenn aber auf abfallendem Gelände ebene Flächen entstehen sollen, die vielleicht die Anlage von Stützmauern, Terrassen oder Stufen erforderlich machen, müssen vorher die Höhenunterschiede festgestellt werden.

Das Gefälle des Geländes exakt zu ermitteln kann ohne Spezialgeräte schwierig sein. Bei problematischen Grundstücken sollte man diese Arbeit einem Fachmann überlassen. In einfacheren Fällen kann man vorhandene Elemente suchen, durch die sich das Gefälle feststellen läßt. Zäune und Mauern sind hier eine gute Hilfe (s. S. 140 ff.).

Die Himmelslage ist ein weiterer wesentlicher Gesichtspunkt. Die Ausrichtung des Gartens wirkt sich nachhaltig auf seine Gestaltung aus, da sie bestimmt, wo Schatten entsteht, aus welcher Richtung der Wind vorwiegend kommt und vieles mehr. Dies wiederum diktiert die Position von Sitzbereichen, Rabatten, Gemüsegärten, Schwimmbecken und zahlreichen anderen Elementen, die eine geschützte oder sonnige Lage erfordern. Schattenbereiche sollten im Plan eingezeichnet werden. Dabei ist zu berücksichtigen, daß die Sonne im Winter tiefer steht und es dadurch weit mehr Schatten gibt.

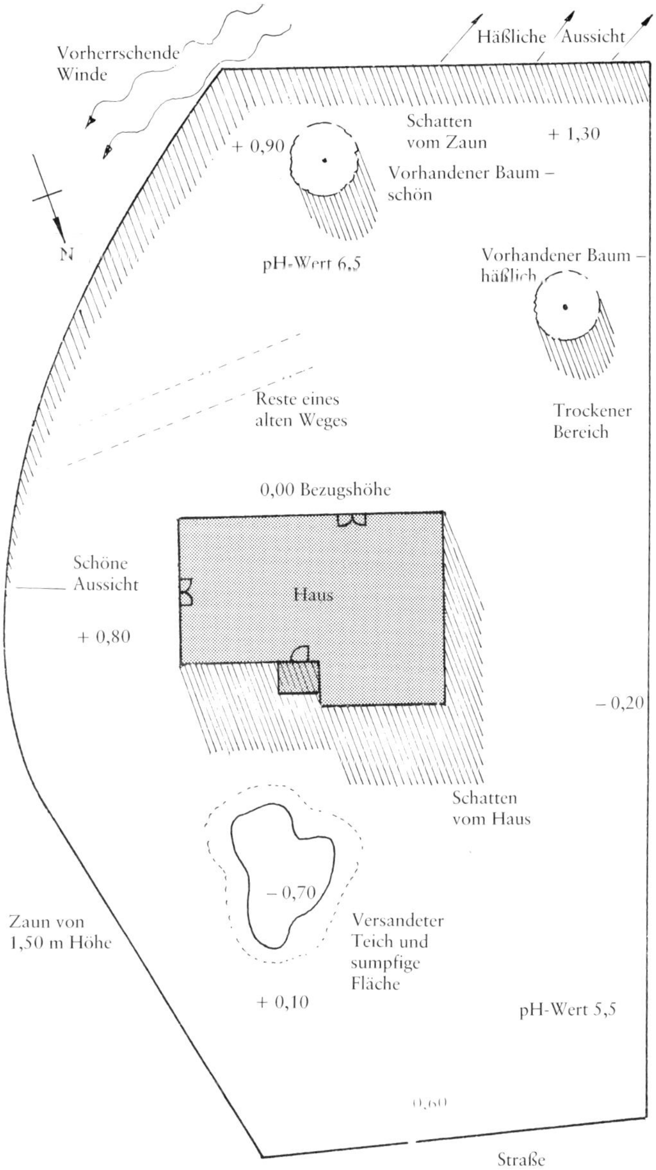

Auch Elemente außerhalb des Gartens können Einfluß auf die Gestaltung haben. So kann beispielsweise der hohe Baum eines Nachbarn Schatten entstehen lassen, oder sein Laub fällt vielleicht in Ihren Garten. Außerdem sollten Sie schöne und weniger schöne Aussichten vermerken, um sie entsprechend zu nutzen oder zu verstecken.

Der pH-Wert des Bodens kann besonders in großen Gärten von Bereich zu Bereich leicht variieren. Er liegt etwa zwischen 5 (sauer) und 8 (alkalisch), bei einem Wert von 6,5 ist er neutral. Die meisten Gartencenter bieten einfache Bodentester mit Gebrauchsanweisungen an, mit denen der pH-Wert ermittelt werden kann. Sie kosten nicht viel und sind auf jeden Fall billiger, als wenn Pflanzen ersetzt werden müssen, die an einen zu nassen oder zu trockenen Platz gepflanzt wurden.

Auch Bodentyp und Bodendurchlässigkeit haben Bedeutung. Stellen Sie fest, ob es sich bei dem Boden um Ton, Sand oder Lehm handelt. Feuchte Flächen müssen eventuell drainiert werden. Bei trockenem oder durchlässigem Boden können Zusätze in die Erde eingearbeitet werden, damit sie die Feuchtigkeit besser hält. Oder man nutzt einfach die vorhandenen Gegebenheiten und verwendet nur Pflanzen, die an solchen Standorten besonders gut gedeihen.

Der Nutzungsplan

Nachdem die Bestandsaufnahme gemacht ist, kann nun ein Nutzungsplan angefertigt werden, aus dem die Lage der verschiedenen Hauptbereiche des Gartens hervorgeht. Das Erstellen ähnelt einem Puzzlespiel, denn jetzt gilt es, Meßdaten, Bestandsaufnahme und die eigenen Wünsche und Bedürfnisse in einem Plan zu vereinigen.

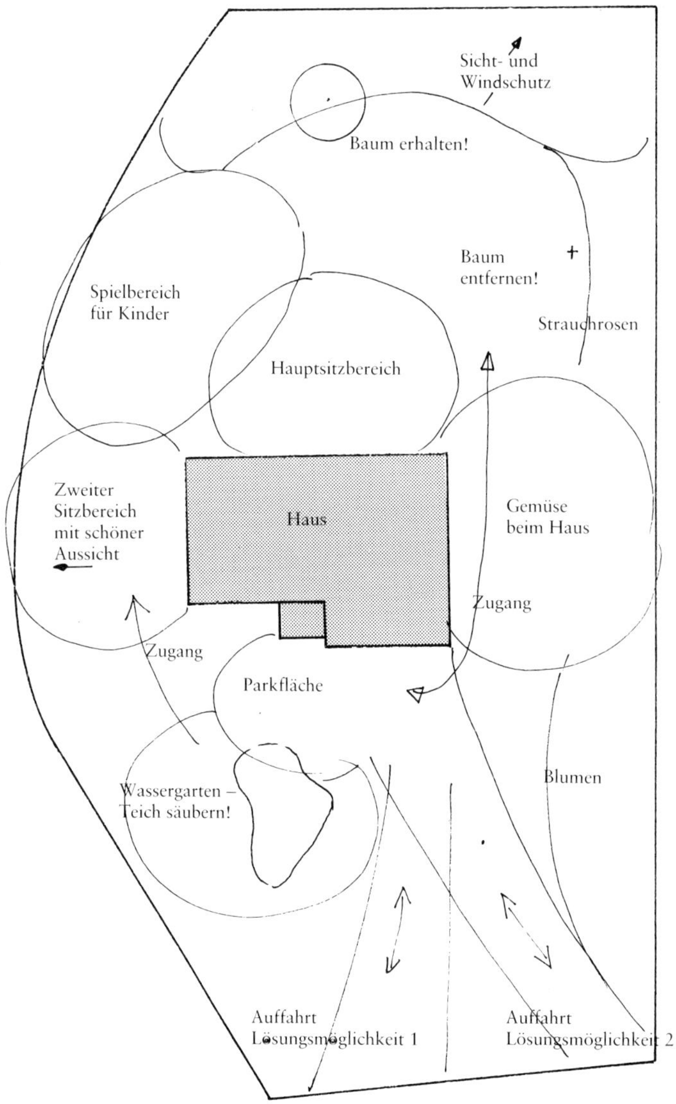

Zunächst sollte entschieden werden, wo der Hauptsitzbereich angesiedelt wird. Will man ihn als Terrasse am Haus gestalten, ist es wichtig, zuerst ihre Position festzulegen, da sie stets als das zentrale Element des Gartens erscheinen wird. Zu den Fragen, die man sich hier stellen muß, gehören beispielsweise folgende: Liegt der Platz in der Sonne, und wenn ja, ist die Sonnenintensität sehr stark oder sehr schwach? Ist es an der gewählten Stelle laut oder windig? Wenn ja, gibt es vielleicht einen anderen Platz, der sich besser eignet? Wie gut ist der Zugang zum Haus?

Ähnliche Überlegungen sind auch für die Nutzung aller anderen Gartenbereiche sinnvoll. Eventuell ist es notwendig, verschiedene Möglichkeiten auf Papier zu skizzieren, bis für jedes Element – sofern das Grundstück es erlaubt – der ideale Platz gefunden ist. Gehen Sie durch den Garten, und stellen Sie sich vor, wie der umgesetzte Plan wirken wird.

Schließlich sollte vor Ihnen ein Plan liegen, aus dem ungefähr ersichtlich ist, wo sich beispielsweise Gemüsegarten, Sitzbereich, Rasen und Auffahrt befinden. In diesem Stadium sollten Änderungen aber noch möglich sein.

Der Grundriß

Gemeint ist hier der endgültige Plan, der detaillierte Positionen und Konturen der verschiedenen Elemente innerhalb des Gartens zeigt. Er beinhaltet sämtliche Details – vom Standort der gemischten Rabatte, Sträucher oder Rosenbeete bis hin zur genauen Lage eines formalen Gemüsebeetes, eines Kinderspielplatzes oder eines weiteren Sitzbereiches, mit dem eine besonders schöne Aussicht genutzt wird.

Eines sollte man beim Zeichnen eines Grundrißplanes stets im Gedächtnis behalten: Dreidimensional umgesetzt holt die Perspektive Dinge oft näher heran oder läßt sie in der Entfernung kleiner erscheinen. Gelegentlich macht es die Perspektive auch erforderlich, daß bestimmte Elemente beim Anlegen des Gartens noch etwas verändert werden. Aber Sie sollten dies nach Möglichkeit vermeiden, da Änderungen in diesem Stadium auch Auswirkungen auf andere Teile der Gestaltung haben können.

Doch wie die Elemente auch kombiniert werden, sie müssen ein harmonisches Ganzes bilden. Ihre Proportionen sollten ihrer Funktion und der Größe des Gartens angemessen sein und im Einklang mit den Prinzipien einer guten Gartengestaltung stehen, auf die in Kapitel 1 ausführlicher eingegangen wurde. In Kapitel 2 finden sich vielfältige Beispiele, wie solche Elemente kombiniert werden können, um gelungene Gärten entstehen zu lassen – auch für Sie sollten sich Anregungen finden.

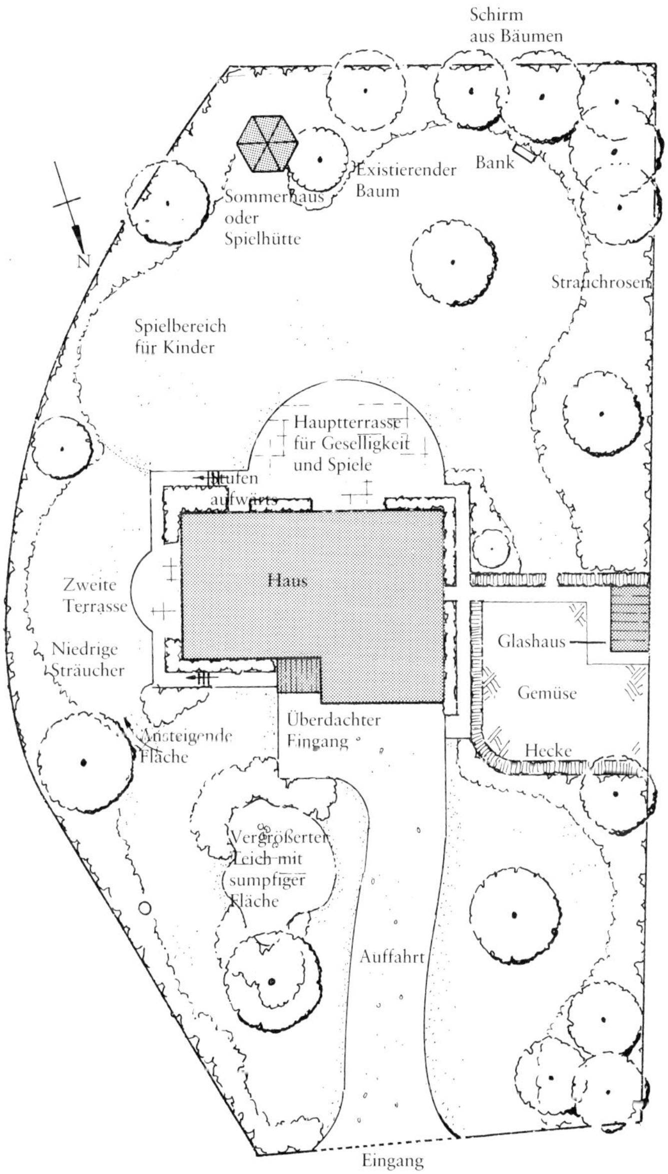

Die Ausführung

Bei der Gartengestaltung unterscheidet man gewöhnlich zwischen »statischen« und »dynamischen« Elementen. Die erste Gruppe umfaßt bauliche Anlagen wie etwa Mauern und Pflaster, die zweite Pflanzungen. Während die statischen Elemente in einem neuen Garten sofort zur Geltung kommen, benötigen Pflanzen mitunter Jahre, bis sie sich in der gewünschten Weise entwickelt haben. Daher können neuangelegte Gärten lange Zeit unharmonisch wirken.

Wenn der Grundriß fertig ist und allen Gartenbereichen ihre Funktion zugeteilt wurde, trägt man dort genau die statischen, dynamischen und dekorativen Elemente sowie alle anderen Dinge ein. Benutzen Sie verschiedene Fotokopien oder Pausen des Grundrisses, und tragen Sie beispielsweise in eine Kopie alle baulichen Elemente einschließlich der Materialien und anderer Details ein. Auf einer zweiten sollte ein genauer Pflanzplan mit Anzahl und Abstand der Pflanzen entstehen, in einer dritten der Standort von Dingen wie Statuen und anderen Dekorationen, Grill oder Beleuchtungskörpern eingezeichnet werden.

Bauliche Elemente und Materialien

Mauern, Zäune, Pflaster und Stufen sind ein wichtiger Bestandteil der Gartengestaltung. Daher sollte man sich im voraus über die verwendeten Materialien und ihre Wirkung im klaren sein. Fügt sich Naturstein in die Umgebung ein? Würden Ziegelsteine vielleicht hübscher aussehen? Harmonieren die benutzten Materialien miteinander? Welchen Belastungen sind die statischen Elemente ausgesetzt? Diese und andere Fragen müssen beantwortet werden, bevor man kostspielige Materialien einkauft.

Mauern

Mauern haben großen Einfluß auf das Erscheinungsbild eines Gartens und können in manchen Fällen sogar den gesamten Gestaltungsstil bestimmen. Sie beschreiben die Grundstücks-

Verwendet man Natursteine für Mauern, ist eine exakte, horizontale Einhaltung der verschiedenen Reihen nicht notwendig. Lediglich die Ecksteine wählt man verhältnismäßig rechteckig, um Stabilität zu gewährleisten. Hübsche Mauerkronungen, in denen sich kleine und große Steine abwechseln, unterstreichen einen besonders rustikalen Stil. Verlegt man aber dünne Natursteine eher horizontal, erhält man einen geradlinigen Eindruck. Zum Schutz der Mauerwände sollten Mauerkrönungen ebenso breit wie die Wände sein oder diese seitlich überragen.

Aus *Kieselsteinen* gefertigte Mauern sehen besonders attraktiv aus. Da sie jedoch sehr klein und meist rund sind, müssen für die Ecken besondere, Stabilität gebende Steine verwendet werden. Hierzu eignen sich Ziegel am besten, da sie auch als Fundament und Mauerkrönung verwendet werden können. Besonders gut wirkt eine Reihe von Kacheln, die direkt unter der Ziegelmauerkrönung verlegt wird.

Schiefer oder sehr dünner Stein eignet sich besonders für dekorative Wände, insbesondere wenn er im Fischgrätmuster verlegt wird. Gehalten von stabilisierenden Ecksteinen, neigt sich jede Reihe, nach links oder nach rechts abwechselnd, um ca. 30°. Die Steine können mit Mörtel zusammengefügt werden. Trockene Steinmauern ohne Mörtel werden von gewöhnlichen Mauerkrönungen gehalten.

Viereckig behauene Steine oder Betonsteine in verschiedenen Längen lassen sich ebenfalls zu attraktiven Mauern verarbeiten. Glatte Schlußsteine mit regelmäßigen Seiten wirken besonders gut bei winkeligen Mauern.

Auch für *unterschiedlich große rechteckige Steine* eignen sich solche Abschlüsse; sie geben fantasievollen Arrangements Halt.

Wenn für diese Mauerform auch Steinblöcke verschiedener Formen und Größen verwendet werden, so sind sie in der Hauptsache jedoch rechteckig. Das Muster ist nur sehr schwierig aus Natursteinen zu bauen (da jeder Stein in die richtige Form gesägt oder geschnitten werden muß). Gegossene Steine, die meistens ein Normmaß von ca. 22,5 cm haben, passen problemlos zusammen.

Verwendet man *Ziegel*, so hat man eine große Zahl verschiedener Muster zur Auswahl. Das bekannteste dürfte der Blockverband sein. Hier folgt eine Reihe mit längsseitig verlegten Ziegeln (Läufer) auf eine mit stirnseitig verlegten (Binder). Noch komplizierter, aber für meinen Geschmack auch attraktiver, wirkt, bei der sich innerhalb jeder Reihe Binder und Läufer abwechseln.

Längsseitig verlegter Ziegel, der nach außen gerichtet ist (der sogenannte Läuferverband), wird meistens für niedrige, weniger als 75 cm hohe Mauern, die nur 10 cm dick sind, angewendet.

Unregelmäßige Natursteine

Flache Natursteine

Kieselsteine

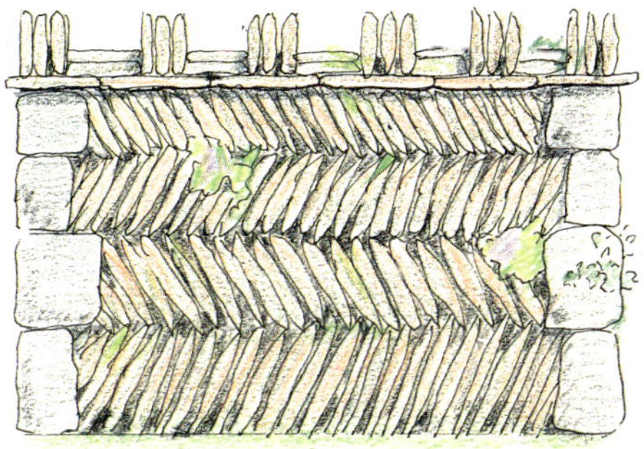
Schiefer

Viereckig behauene Steine

Unterschiedlich große Steine

Ziegel, Blockverband

Ziegel, gotischer Verband

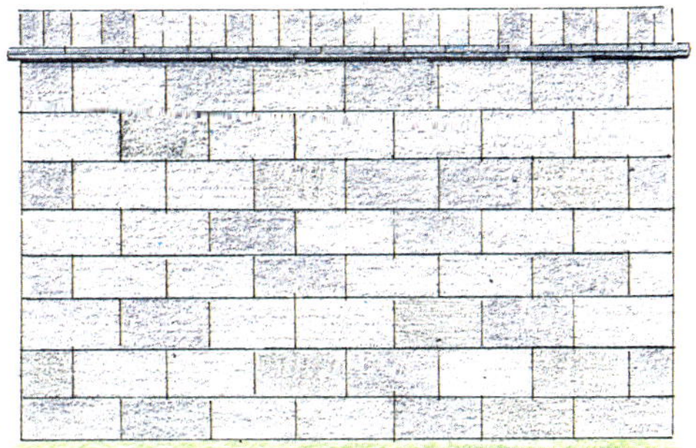
Ziegel, Läuferverband

grenzen, sorgen für Schutz, schirmen ab und teilen den Garten in einzelne Bereiche. Von den senkrechten Elementen sind sie meist die eindrucksvollsten. Mauern sollten nicht nur aus wirklich robustem Material sein, sondern auch fachmännisch konstruiert sein, da sie schließlich Witterungseinflüssen standhalten müssen, und einen Mauerhut – eine Abdeckung, an der das Wasser abläuft – haben.

Bei Mauern unterscheidet man zwischen tragenden Mauern (zum Beispiel Hauswänden), freistehenden Mauern (etwa Grenzmauern) und Stützmauern (beispielsweise bei Hochbeeten). Jeder Mauertyp hat seine besonderen Erfordernisse. Beim Bau von Mauern sollte man den Rat eines Fachmannes einholen – insbesondere hinsichtlich Größe und Art des Fundaments, von dem die Stabilität der Mauer abhängt.

Neben dem Baumaterial spielen bei Stein- oder Ziegelmauern auch Farbe und Art der Fugen eine große Rolle für die Gesamterscheinung. Die Möglichkeiten reichen hier von vergleichsweise unauffälligen bündigen Fugen bis zu deutlich hervortretenden Konturen vertiefter Fugen.

Mauern können aus regelmäßigen oder unregelmäßigen Natursteinen, Beton (etwa in Form von Blocksteinen oder Ziegeln) oder Ziegelsteinen verschiedener Farben und Strukturen bestehen. Ziegelsteine können in verschiedenen sogenannten Verbänden gemauert werden, von denen einige gängige auf S. 141 gezeigt sind. Bei einem so großen Spektrum an Materialien ist die Wirkung der Gartenmauern natürlich sehr unterschiedlich; hier können nur einige Beispiele gezeigt werden.

Zäune

Eine zumeist preiswertere Alternative zu Mauern sind Zäune, die ebenfalls eine eigene Rolle in der Gartengestaltung spielen. Wie Mauern erfüllen sie verschiedene Aufgaben – sie legen Grenzen fest, umschließen einen kleinen Raum, sorgen für Schatten und schützen den Garten vor Wind – und je nach Art können sie den Charakter des Gartens betonen. Zäune brauchen stabile Pfosten, vorzugsweise aus Hartholz oder Beton. Gesägtes oder gespaltenes Holz muß regelmäßig mit Holzschutzmittel oder Farbe behandelt werden. Zwar sind Zäune gewöhnlich nicht so dauerhaft wie Mauern, doch eignen sie sich als Windschutz besser, da sie – je nach Ausführung – die Kraft des Windes mildern, aber keine solide Barriere bilden, die auf der dem Garten zugewandten Seite Wirbel entstehen läßt. Sie sind auch ideal zum Begrünen, da an ihnen recht leicht Stützen für Kletterpflanzen befestigt werden können.

In diesem modernen Garten bildet die im festen Rahmen stehende Rohrumzäunung eine ungewöhnliche und stilvolle Grenze. Die Umzäunung vermittelt eine orientalische Atmosphäre. Die horizontalen und die weichen vertikalen Linien unterstreichen den Kontrast der Diagonale im Holz.

Zäune

Auch unter den Holzzäunen findet man verschiedene Stile, etwa vorgefertigte, *dichtgesetzte, vertikale Paneele*, die sich oft überlappen und besonders stabil sind. Beim *Flechtzaun* werden dünne Holzstreifen vertikal zwischen horizontale Latten gezogen. Qualitativ hochwertige Zäune erkennt man an der oberen Abschlußkante und dem Kiesbett darunter, das die Feuchtigkeit vom Holz fernhält.

Auch zweifach geflochtene Zäune wirken rustikal. Wie bei einem Korb werden hier dünne, biegsame Zweige, entweder ganz oder längs geteilt, zu einem dichten Zaun geflochten.

Einfache Weidezäune können verhältnismäßig schnell aufgestellt werden. Sie schützen zwar nicht vor Wind und Wetter, zeigen aber die Grenzen an.

Palisaden ergeben hohe, attraktive Umzäunungen. An Pfosten oder Latten, die am oberen Ende rund oder zugespitzt sind, werden mit Nägeln oder Schrauben horizontale Latten angebracht.

Die gängigen *Lattenzäune* funktionieren nach demselben Prinzip. Sie sind nur weniger hoch, und zwischen den verschiedenen Latten läßt man Zwischenräume frei. Der ländliche Charakter wird durch darüberwuchernde Rosen oder Clematis besonders unterstrichen.

Spaliere wirken dann am besten, wenn die Aussicht oder die Grundstücksgrenze besonders betont werden sollen. Eine entsprechende Auswahl von Schling- und Kletterpflanzen unterstreicht das Bild besonders.

Metallzäune, unabhängig ob aus Schmiedeeisen, Gußeisen oder Aluminium, eignen sich in ihrer Vielfältigkeit besonders für streng gestaltete Gärten und für Vorgärten.

Vertikale Paneele

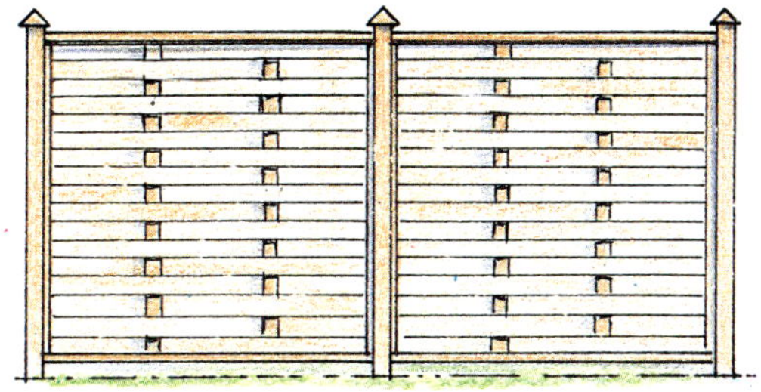

Flechtzaun

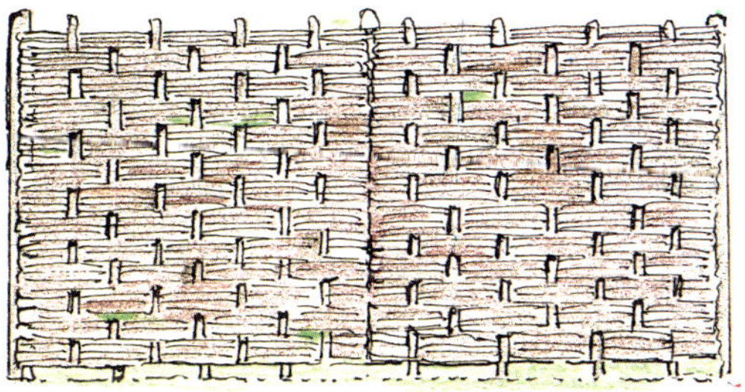

Aus Zweigen geflochtener Zaun

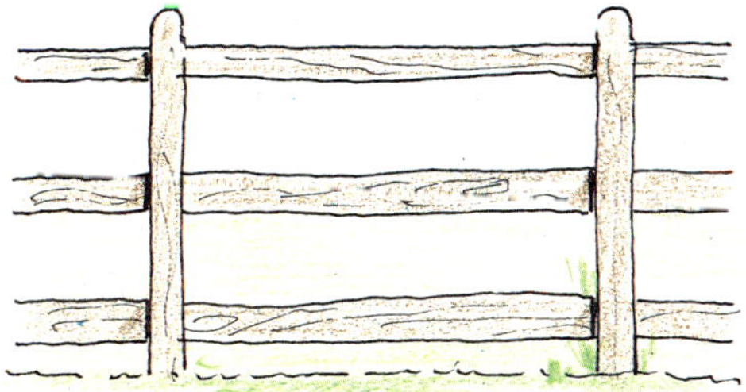

Weidezaun

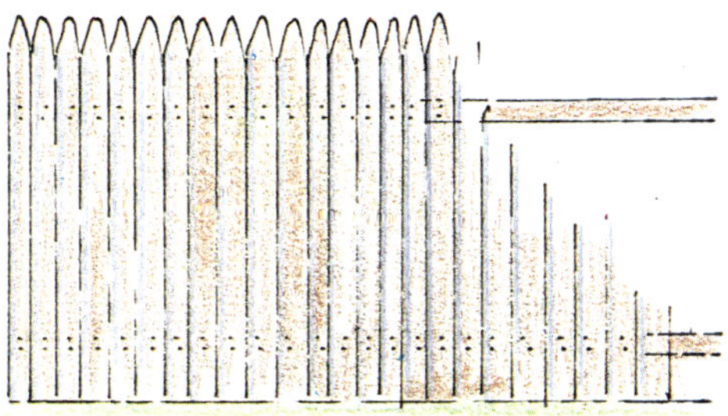

Palisade

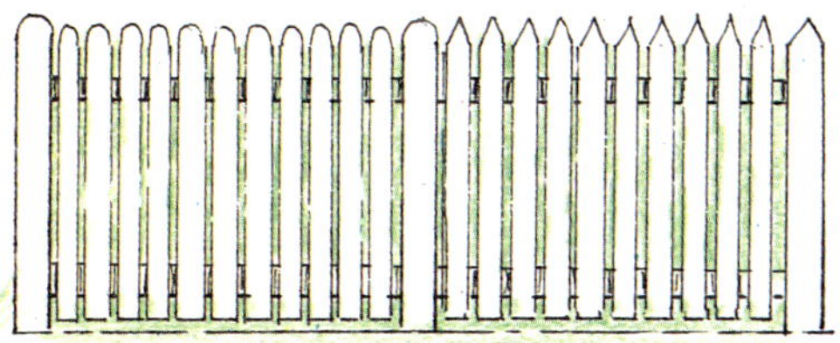

Lattenzaun

Spalier

Metallzaun

Pflaster

Auch Pflasterflächen kommt in der Gartengestaltung eine wichtige Rolle zu, und sie sollten sowohl dekorativ als auch funktionell sein. Gepflastert werden ganz verschiedene Flächen, die von Terrassen über Autostellplätze bis zu Wegen und Stufen reichen. Doch unabhängig von der Verwendung müssen Pflastermaterialien bezüglich ihrer Stabilität drei Anforderungen erfüllen – sie müssen der Belastung und dem Verschleiß durch Menschen und/ oder Fahrzeuge wie auch Witterungseinflüssen, insbesondere Frost, standhalten. Leider ist dies nicht bei allen Materialien gewährleistet, und deshalb sollte man sich vom Fachmann beraten lassen, um sicherzustellen, daß die gewählten Materialien für den vorgesehen Standort und Zweck geeignet sind. Wichtig ist auch, daß das Pflaster auf dem richtigen Unterbau verlegt wird.

Wie Mauern können Pflasterflächen aus Naturstein, Beton oder Ziegelsteinen bestehen, man kann aber auch andere Materialien wie Fliesen und Pflastersteine verwenden oder – insbesondere für Wege – Kies und nichtstarre Stoffe wie Teermakadam oder Asphalt. Auch Holz, das behandelt werden sollte, damit es nicht fault oder rutschig wird, läßt eine Vielzahl von reizvollen Oberflächen entstehen, die von Wegen aus Baumscheiben bis zu erhöhten Holzplattformen reichen.

Naturstein ist in vielfältigen Ausführungen erhältlich; es gibt ihn in quadratischen oder rechteckigen Platten, als Kopfsteine aus Granit oder als Kiesel (ganz oder halbiert) und in unregelmäßigen Stücken, die patchworkartig verlegt werden. Auch Beton wird in Form von diversen Blocksteinen oder Ziegeln angeboten. Alle diese Materialien sind mit einer Vielzahl von Oberflächenstrukturen zu bekommen; dies gilt auch für Pflastersteine und Fliesen.

Die Auswahl an Materialien ist beinahe unbegrenzt, und die Art und Weise, wie sie verlegt werden können nicht minder vielfältig. Einige Beispiele sind hier abgebildet. Abgesehen von verschiedenen Musterkombinationen können natürlich auch unterschiedliche Materialien zusammen benutzt werden. Auf diese Weise entstehen zahlreiche reizvolle Muster.

Alte Ziegelsteine als Bodenbelag geben jedem Entwurf ein gediegenes Aussehen. Sein Korbwebmuster bildet hier einen idealen Untergrund.

Bodenbeläge

Willkürlich verlegte *Muster aus Naturstein* und ungleichen Pflastersteine wirken zwanglos. Im Gras verlegte, gewundene Pfade sind in naturnahen Gärten besonders eindrucksvoll. Bei der willkürlich rechteckigen Verlegung werden verschieden große, grobrechteckige Natur- oder vorgefertigte Steine verwendet. Hier wird der Eindruck freier Gestaltungselemente in einem geplanten Entwurf vermittelt.

Zu den formal strengen Musterentwürfen zählt auch die *symmetrische Verlegung von Rechtecken*, deren ungebrochene Verbindungslinien in alle Richtungen verlaufen. Hierzu verwendet man Steine oder Schiefer, allerdings ist der Schnitt kostspielig. Als Ersatz lassen sich aber auch Betonsteine in unterschiedlichen Farben und Oberflächen und sogar Ton- und Keramikkacheln verwenden.

Weniger streng wirken *Korbflechtmuster*. Die Quadrate bildenden Ziegelpaare verlaufen abwechselnd in Nord-Süd- und Ost-West-Richtung.

Auch für das lebendige *Fischgrätmuster* wird Ziegel im Zickzack verlegt. Man kann sie entweder gerade verlegen, horizontal und vertikal, so daß sie eine rechteckige oder geradlinige Form ergeben, oder, wie hier abgebildet, diagonal. Ein Rahmen hält die kleinen Einheiten des Musters zusammen.

Ziegel können *längsseitig gestapelt* oder flach in Reihen verlegt werden. Beide Muster bilden an den Längsseiten der Ziegel ungebrochene Linien, so daß der Eindruck von Weite oder Breite, je nach Art der Verlegung, entsteht.

Ein weiteres lebhaftes Muster ist das *Schuppenmuster*, sogenannt wegen der überlappenden Halbkreise. Bei Verwendung halber Ziegel oder speziell dafür hergestellter Betonsteine ergibt sich ein solches Muster.

Sechseckige Beläge sind eher statische Entwürfe und eignen sich daher vor allem für Innenhöfe. Normalerweise werden Kacheln oder Betonsteine mit besonderen Oberflächen auf diese Weise verwendet.

Naturstein

Unregelmäßige Rechtecke

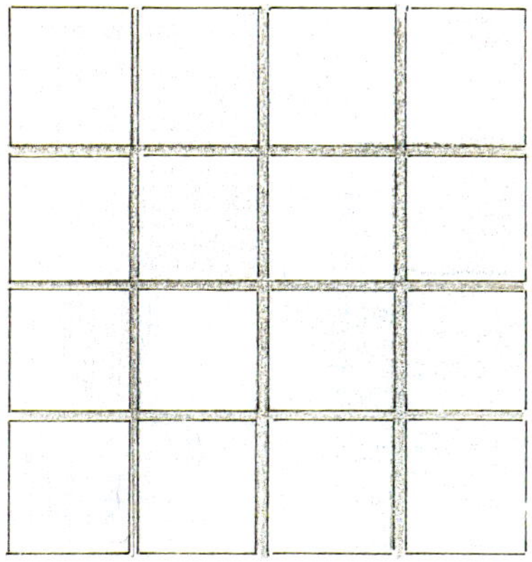

Quadratisch

Korbflechtmuster

Fischgrätmuster

Längsseitig gestapelte Klinker

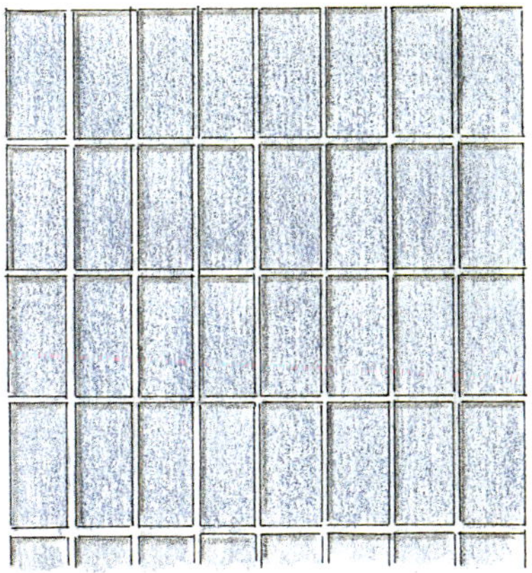

Flach verlegte Klinker

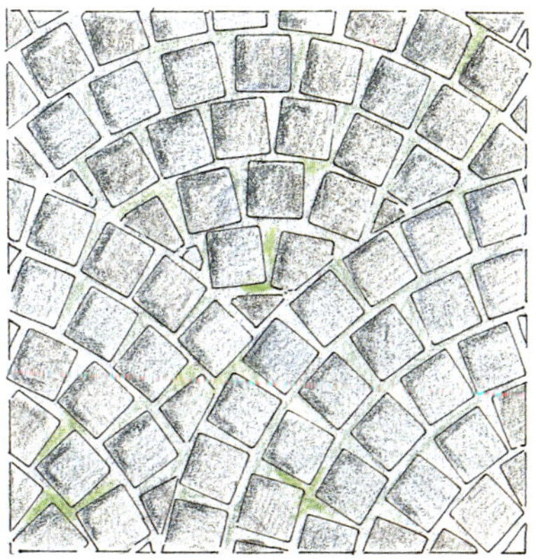

Schuppenmuster

Sechseckige Beläge

Stufen

Auch wenn Stufen meist aus den gleichen Materialien bestehen wie gepflasterte Flächen verdienen sie besondere Erwähnung. Sie können sowohl dekorativ als auch funktionell sein und bilden, klug eingesetzt, fesselnde Blickfänge. Darüber hinaus lassen gutproportionierte Stufen einen Garten größer erscheinen. Sie können streng, frei und selbst rustikal gestaltet sein, quadratisch, rechteckig, rund, zickzackförmig oder geschwungen sein – es gibt hier keine festen Regeln, die eingehalten werden müssen. Sie sollten die Stufen jedoch auf jeden Fall Ihren Bedürfnissen anpassen und nicht umgekehrt, aber dennoch die folgenden Grundsätze berücksichtigen, damit die Gestaltung gelingt.

Zunächst einmal sollten Stufen sowohl aufwärts wie abwärts bequem begehbar sein. Steigt eine Treppe in einem Winkel von mehr als 40 Grad an, sonst wirkt sie beim Hinaufsteigen abschreckend und beim Hinabgehen furchteinflößend. Die Setzstufen (vertikale Elemente) sollten in einem Garten mindestens 10 cm hoch sein (darunter kommt man leicht ins Stolpern) und höchstens 20 cm, die Tiefe der Trittflächen sollte etwa 30 cm betragen. Ein beliebtes Maß für Stufen innerhalb des Gartens ist eine Höhe von 15 cm Höhe und Tiefe von 40 cm, doch läßt es sich nicht überall anwenden. Im allgemeinen sollte aber die Tiefe der Trittfläche zuzüglich der doppelten Höhe der Setzstufe wenigstens 60 cm ergeben.

Die Größe von Trittflächen und Setzstufen sollte auf der ganzen Länge der Treppe gleich bleiben. Im Idealfall befindet sich nach zehn bis zwölf Stufen ein Podest, wo eine Pause eingelegt werden kann. Um bequem gehen zu können, sollten Podeste die zwei- oder dreifache Tiefe der Trittflächen haben.

Bei Stein- oder Ziegelstufen empfiehlt es sich, daß die Trittflächen etwas über die Setzstufen hinausstehen. Dies sieht nicht nur hübsch aus, sondern es macht die Stufen auch bei schlechtem Licht besser erkennbar. Aus Sicherheitsgründen können neben den Stufen Geländer oder Mauern errichtet werden, die zusätzlichen ästhetischen Reiz haben.

Alle diese Aspekte sind bei der Gestaltung von Stufen zu berücksichtigen; doch sollte man auch daran denken, daß Treppen mehr Platz in Anspruch nehmen, als allgemein vermutet wird. So benötigt man beispielsweise für nur sechs Stufen mit jeweils 1,8 m Breite und 45 cm Tiefe eine Fläche von 4,8 qm. Je nach Lage kann dieser Punkt insbesondere in kleinen Gärten von großer Bedeutung sein.

Einfache Holztreppen bilden eine Einheit mit dem urwaldartigen Pflanzenwuchs, der sich die Treppe entlangzieht. Dadurch entsteht ein stimmungs- und geheimnisvoller Aufgang zu einer halbversteckten, höheren Ebene. Verwendet man Holz für Stufen, muß man dafür sorgen, daß sie imprägniert sind und einen Antirutschbelag erhalten.

Dekorative Elemente und Effekte

In den meisten Gärten ist es wichtig, auch dekorative Elemente in die Gestaltung einzubeziehen. Sie können versteckt aufgestellt und um ihrer selbst willen bewundert werden, doch spielen sie eine besonders wichtige Rolle als wesentliche Elemente in der Gliederung und dem Aufbau des Gartens. Ob es sich um Kunstwerke oder um funktionelle Dinge, die gleichzeitig dekorativ sind handelt – stets sollten sie in Harmonie mit dem Garten als Ganzes stehen. Am besten werden sie schon bei der Planung berücksichtigt. Sie sollten aber nicht so unflexibel sein, daß nicht auch zu einem späteren Zeitpunkt noch kleinere Veränderungen oder Ergänzungen vorgenommen werden können. Hüten Sie sich jedoch, im Nachhinein durch ein unglücklich gewähltes Objekt das Gleichgewicht zu stören.

Gegenstände wie Sonnenuhren, Teleskope oder auch große Schachspiele sehen im Garten oft besonders hübsch aus, vielleicht weil alle eine positive Reaktion beim Betrachter hervorrufen. Statuen, Spindeln und Springbrunnen regen eher zu stiller Besinnung an. Auch funktionellere Gegenstände wie Bänke, Tische, Grillplätze, Pergolen, Wintergärten, Trinkwasserbrunnen oder Pflanzgefäße können dekorativ wirken, wenn man sie mit Geschmack aussucht und entsprechend aufstellt (und dies ist notwendig, falls sie sich ständig in Sichtweite befinden).

Links: Die kultivierte Atmosphäre in diesem traditonellen Garten wird durch die auf einem Podest stehende, attraktive Sonnenuhr besonders hervorgehoben. Ein solches Schmuckstück wirkt am besten als Zentrum eines Gartens. Hier wird es zum Angelpunkt des umgebenden Blumenbeetes und Ziel des hübsch gepflasterten Pfades.

Pergolen sind wichtige konstruktive Elemente, und die verwendeten Materialien beeinflussen den gesamten Garten. Aus Ziegel oder Stein gefertigte Stützpfeiler brauchen maßstabgetreue Querverstrebungen (oben links); sie bilden das solide Gerüst für schwere Kletterpflanzen wie Wisteria. Schlanke Holzspaliere (oben rechts) bieten luftige Kletterhilfe für Rosen und Geißblatt.

Pergolen verdienen besondere Erwähnung, da sie für jeden Garten eine entzückende Ergänzung sind. Mit Blumen und Laub überwachsen, lassen sie Gänge entstehen, die durch das filigrane Netzwerk aus Licht und Schatten noch mehr Reiz erlangen. Es ist wichtig, die Größe der Pergola dem vorgesehenen Verwendungszweck wie auch ihrer Umgebung anzupassen. Wer an ihr Pflanzen mit langen Blütenständen wie Blauregen oder Rosen mit langen dornigen Trieben ziehen will, sollte dies berücksichtigen – die Pergola braucht hier eine entsprechende Höhe. Auch die Breite hat große Bedeutung. Nach Möglichkeit sollten wenigstens zwei Personen nebeneinander Platz haben, damit sie bequem unter der Pergola durchschlendern können.

Da eine Pergola gewöhnlich beträchtliches Gewicht tragen soll, müssen ihre Stützen und Querbalken stabil und gut befestigt sein. Stützen aus Ziegelsteinen sind ideal, für die Querbalken sollte Holz verwendet werden. Doch auch Holzpfosten, die mit Holzschutzmittel behandelt wurden, sind dauerhaft und darüber hinaus preiswerter.

Licht

Auch der Faktor Licht spielt im Garten eine wesentliche Rolle. Es erlaubt abends eine längere Nutzung und wird am besten von Anfang an mit eingeplant. Eine gute Beleuchtung kann die Erscheinung des Gartens bei Nacht vollkommen verändern, da es dramatische oder auch zarte Licht- und Schatteneffekte hervorruft. Ein Weg, der von Lichtkegeln erhellt wird, hat eine sanfte Wirkung und zieht die Blicke auf sich; eine Terrasse kann mit farbigen Leuchten angestrahlt werden, die sich in Pflanzgefäße und umliegende Beete schmiegen.

Man kann Höhepunkte illuminieren, doch Finesse ist dabei sehr wichtig. Zu intensiv eingesetzt wirkt Licht hart und abweisend. Wie jedes andere Element im Garten muß auch die Beleuchtung in Harmonie mit der restlichen Gartengestaltung stehen.

Manche Lampen sind sehr dekorativ, andere sehen nicht so hübsch aus und sollten deshalb durch Pflanzen oder Mauern und Stufen versteckt werden. Es gibt heute Spezialanbieter von Gartenleuchten, und wenn Sie besondere Beleuchtungseffekte wünschen, sollten Sie auf ihr Angebot zurückgreifen. Doch wofür Sie sich auch entscheiden – und das Angebot an Lampen ist groß –, lassen Sie Beleuchtungskörper stets vom Fachmann anschließen.

Wie man in diesem kleinen Garten sehen kann, spielt auch die richtige Beleuchtung eine wichtige Rolle. Der Garten soll ein luftiges Zimmer für Erholung und Unterhaltung sein, in dem Pflanzen ihren Lebensraum finden. Die Beleuchtung taucht den Garten in weiche, geheimnisvolle Farben, betont verschiedene Aspekte, unterstreicht die Silhouetten verschiedener Pflanzen und hebt Blattkonturen eindrucksvoll hervor. Vom Haus aus betrachtet, wird der Garten dann auch ins abendliche Geschehen miteingeschlossen.

Dynamische Gartenelemente

Auf dem Grundriß haben Sie vermutlich bepflanzte Flächen lediglich als »Staudenrabatte« oder »Beet mit altmodischen Rosen« gekennzeichnet, doch nun ist es an der Zeit, detaillierte Pläne auszuarbeiten und festzulegen, welche Pflanzen in welcher Zahl wo benötigt werden. Wahrscheinlich werden Sie Nachschlagewerke und Pflanzenkataloge zu Hilfe nehmen müssen, und dann Farben, Kulturbedürfnisse und Pflanzabstände eintragen. Am besten notieren Sie die Namen der Pflanzen auf dem Plan, damit Sie eine gute Übersicht haben und rasch Vergleiche zwischen verschiedenen Arten ziehen können. Farben helfen, um zwischen einzelnen Bereichen zu unterscheiden. Möglicherweise erleichtert es die Arbeit, wenn Sie hier eine Kopie des Entwurfsplanes mit einem vergrößerten Maßstab verwenden. Zuerst müssen Sie die Positionen der größeren, ausdauernden Pflanzen festlegen, wie Bäume und Sträucher, und ein schönes Grundgerüst zu schaffen. Dann arbeiten Sie sich Schritt für Schritt bis hin zu den kleinsten Pflanzen vor, wobei stets auf den richtigen Abstand geachtet werden muß. Auch Farben und Blütezeiten sollte man stets im Gedächtnis behalten, da diese Elemente die Atmosphäre des Gartens erheblich beeinflussen.

Während Sie die Pflanzen mit ihren Eigenschaften auf dem Plan eintragen, fertigen Sie am besten noch eine zusätzliche Liste an. Und schließlich können Sie dann problemlos Ihre Bestellungen bei den verschiedenen Gärtnereien aufgeben.

Links: Auch die Farbeffekte sollte man vorsichtig planen. Hier sieht man, wie überwältigend die pfirsichrosafarbenen Diascia rigescens *sich abheben, während die blaß rosa Pfingstrosen im Hintergrund die Komposition unterstreichen.*

Rechts: Dieser Garten zeigt deutlich, wie attraktiv ein Nebeneinander von Pflanzen sein kann. Die dichten Büschel runder Blätter heben sich besonders gut vom federähnlichen Laub ab, während die hohen, bunten Blütenrispen die grüne Hecke beleben. Die Bäume mit ihrem hellgrünen und kupferfarbenem Blätterkleid wirken lebhaft und runden das Bild ab.

Ein gelungener Entwurf berücksichtigt Höhe und Form von Pflanzen, ihr Laub und die Blütenfarben. Es ist besonders wichtig, den Wuchs der Pflanzen dreidimensional vor seinem inneren Auge zu sehen.

Fertigstellung des Plans

Nachdem alle wichtigen Details in den Plan eingetragen wurden, ist er nun ein wertvolles Dokument. Deshalb sollten Sie zunächst mehrere Kopien anfertigen und ihn dann sicher aufbewahren. Auch in die Gärtnerei sollten Sie eine Kopie mitnehmen. Falls Sie einige Arbeiten in Auftrag geben, ist ebenfalls eine Kopie für die Kalkulation der Kosten erforderlich.

Es kann sich lohnen, den Plan nach der Fertigstellung mit Tusche nachzuzeichnen, damit er noch lange brauchbar bleibt. Sie werden vielleicht verblüfft sein, wie oft Sie das Original wieder in die Hand nehmen, insbesondere wenn die Ausführung des Projektes über mehrere Jahre geplant ist.

Realisierung des Plans

Der Plan ist der erste, aber entscheidende Schritt zur Schaffung eines schönen, funktionellen Gartens. Aber er ist wirklich nur der Anfang. Und so wie es wichtig war, Schritt für Schritt vorzugehen, um ihn fertigzustellen, ist es nun von ebensolcher Bedeutung, eine Strategie zur Realisierung des Planes auszuarbeiten.

Die erste Frage sollte lauten: Welche Arbeiten will ich selbst übernehmen, habe ich wirklich genügend Zeit dazu und – ganz wichtig – kann ich sie überhaupt ausführen? Der Bau von Mauern und Terrassen wie auch Bodenbearbeitung und Bepflanzung erfordert Wissen und Erfahrung. Unkenntnis kann verheerende Folgen haben, und es mag sich durchaus auszahlen, die Dienste eines Fachmannes in Anspruch zu nehmen, insbesondere wenn es um Bauarbeiten geht.

Entscheiden Sie also, für welche Arbeiten Sie professionelle Hilfe brauchen und für welche nicht. Dann planen Sie die Ausführung und stellen einen Zeitplan auf (der sinnvoll auf die Jahreszeiten abgestimmt sein sollte). Bei der Neuanlage eines Gartens würde die Reihenfolge der Arbeiten so aussehen:

1. Säubern des Grundstückes (Pflanzen schützen, die erhalten bleiben sollen)
2. Gestaltung des Geländes (Mutterboden zuerst entfernen, um ihn später wieder aufzuschütten)
3. Grenzen und andere Flächen mit Stöcken und Schnur oder umweltfreundlichem Farbspray markieren (Punkt 2 und 3 sind unter Umständen austauschbar)
4. Fundamente für Mauern errichten
5. Die Mauern hochziehen
6. Den Unterbau für Pflasterflächen, darunter die Auffahrt, vorbereiten
7. Die Pflaster verlegen (mit Ausnahme der Auffahrt)
8. Mutterboden verteilen
9. Bodenbearbeitung (auf allen Flächen)
10. Installation von Lampen und – in warmen Gegenden – Bewässerungssystemen
11. Bepflanzung
12. Vorbereitung von Rasenflächen
13. Einsäen des Rasens
14. Fertigstellen der Auffahrt
15. Aufräum- und Abschlußarbeiten

Man sollte mit der Arbeit auf der Rückseite des Hauses beginnen (sofern der Eingang vorn liegt) und dann bei der weiteren Vorgehensweise darauf achten, daß bereits angelegte Flächen nicht durch Menschen oder Fahrzeuge beschädigt werden, die in noch unfertige Bereiche gelangen müssen. Deshalb wird die Arbeit meist auf den Seiten des Hauses fortgesetzt, und erst zum Schluß kommt dann der Vorgarten.

Wer einen Fachmann hinzuzieht, sollte sich Referenzen geben lassen. Vorzuziehen sind Personen oder Firmen, die Mitglieder anerkannter Berufsverbände oder Organisationen sind. Meist ist es besser, anstelle eines Kostenvoranschlags einen Festpreis zu vereinbaren. Achten Sie auch darauf, daß der Auftragsempfänger ausreichend versichert ist.

PFLANZEN-FÜHRER

Bei der Wahl der Pflanzen ist zu berücksichtigen, welche Arten unter den vorhandenen Gegebenheiten am besten gedeihen. In diesem Kapitel findet sich eine Übersicht über Pflanzen, die sich für bestimmte Standorte – etwa trockene, sonnige Gärten oder exponierte Lagen – oder für besondere Zwecke, beispielsweise die Anlage eines pflegeleichten Gartens, besonders eignen.

Aus farbigen Plänen für Rabatten, in denen die aufgeführten Pflanzen wachsen, geht hervor, wie man sie an diesen Standorten am besten kombiniert oder besonders wirkungsvolle Farbzusammenstellungen entstehen laßt.

TROCKEN UND SONNIG

Die nachfolgend aufgeführten Pflanzen vertragen Trockenheit recht gut und mögen volle Sonne, wachsen aber besser, wenn sie keine langen Trockenperioden überstehen müssen. Pflanzen mit nadelähnlichem, grauem Laub oder sukkulenten Blättern sind diesen Bedingungen von Natur aus angepaßt, während Arten mit sehr breiten Blättern vermutlich nicht gedeihen. Buntes Laub kann verbrennen.

Ein trockener, sonniger Standort, der von Mauern umgeben und – nach Möglichkeit – im Winter vor Morgensonne geschützt ist, eignet sich besonders für Pflanzen, die für exponiertere Plätze im Garten zu empfindlich sind. Solch ein Mikroklima kann von experimentierfreudigen Gärtnern für Arten aus wärmeren Klimazonen genutzt werden.

Bei den einem Stern (*) gekennzeichnete Pflanzen ist die Winterhärte eingeschränkt.

Bäume
Cercis siliquastrum – Judasbaum
Gleditsia triacanthos – Gleditschie
**Morus nigra* – Maulbeerbaum
Pyrus salicifolia – Birne
Quercus rubra – Amerikan. Roteiche
Robinia pseudacacia – Scheinakazie
Sophora japonica – Schnurbaum

Sträucher
Berberis thunbergii – Berberitze
Buddleja davidii – Sommerflieder
Caryopteris – Bartblume
Ceanothus – Säckelblume
Cotinus coggygria – Perückenstrauch
Cytisus – Geißklee
Elaeagnus angustifolia – Ölweide und *E. commutata* – Silberweide
Hibiscus syriacus – Roseneibisch
Lavandula – Lavendel
**Perovskia atriplicifolia* u. Hybriden – Blauraute
Rhus typhina 'Lacinata – Essigbaum, Hirschkolbensumach
Sambucus racemosa – Traubenholunder
Santolina – Heiligenblume
Syringa – Flieder

Kletterpflanzen
**Buddleja crispa* – Sommerflieder
Lonicera – Heckenkirsche
Solanum crispum – Nachtschatten
Vitis – Weinrebe

Stauden
Acanthus spinosus – Stacheliger Bärenklau
Achillea – Schafgarbe
Agapanthus – Schmucklilie
Alstroemeria aurantiaca – Inkalilie
Anthemis tinctoria – Färberkamille
Centaurea – Flockenblume
Crocosmia – Montbretie
Dianthus – Nelke
Dictamnus albus – Diptam
Echinops ritro – Kugeldistel
Eryngium – Edeldistel
Euphorbia – Wolfsmilch
Iris barbata – Schwertlilie
Lavatera thuringiaca – Buschmalve
Lychnis coronaria – Lichtnelke
Nepeta faassenii – Katzenminze
Oenothera biennis – Nachtkerze
Penstemon – Bartfaden
**Phygelius capensis* – Kafferlilie
Salvia superba, S. sylvestris – Salbei
Stachys byzantina – Wollziest
**Zauschneria* – Kolibritrompete

FEUCHT UND SONNIG

Obgleich viele der folgenden Pflanzen Staunässe nicht mögen, entwickeln sie sich an ständig feuchten Plätzen am besten. Da die Wasserversorgung gesichert ist, können die Blätter jede Größe und einen auffällig skulpturhaften Effekt oder sogar eine üppige, fast tropische Wirkung haben.

Bäume
Aesculus – Roßkastanie
Cercidiphyllum japonicum – Katsurabaum
Juglans – Walnußbaum
Liquidambar styraciflua – Amberbaum
Magnolia – Magnolie
Malus – Zierapfel
Platanus – Platane
Prunus – Jap. Zierkirsche
Salix alba – Silberweide
Sorbus – Eberesche

Sträucher
Acer – Ahorn incl. Zierformen
Cornus alba – Hartriegel
**Fuchsia* – Fuchsie
Hypericum – Johanniskraut
Kalmia – Lorbeerrose
Philadelphus – Pfeifenstrauch
Potentilla – Fingerstrauch
Viburnum – Schneeball

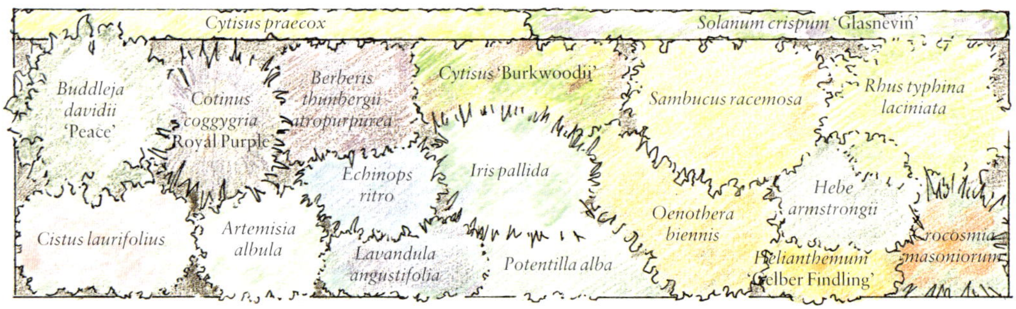

Trockene, sonnige Rabatte

Trockene, sonnige Rabatte
In dieser Situation hat man die Wahl zwischen dem silbrigen Laub und den zarten Blüten von Pflanzen wie Lavandula *und* Cistus *oder den auffälligen Farben von Arten wie etwa* Buddleja *oder* Crocosmia. *Die grasähnlichen oder langen, spitzen Blätter der Iris und verwandter Liliengewächse können wirkungsvolle Laubkontraste entstehen lassen. Hier wurden die schönsten Vertreter beider Typen kombiniert.*

Kletterpflanzen
Actinidia – Strahlengriffel
Clematis – Waldrebe
Jasminum nudiflorum – Echter Jasmin
Wisteria – Blauregen

Stauden
Aconitum – Eisenhut
Anemone x *hybrida* – Anemone
Ajuga – Günsel
Alchemilla mollis – Frauenmantel
Aquilegia – Akelei
Aster
Astilbe – Astilbe, Prachtspiere
Astrantia – *Sterndolde*
Brunnera macrophylla – *Kaukasusvergißmeinnicht*
Campanula – *Glockenblume*
Cortaderia – *Pampasgras*
Filipendula – *Mädesüß*
Geranium – *Storchschnabel*
Hemerocallis – *Taglilie*
Hosta plantaginea – *Funkie*
Iris sibirica – *Sibirische Schwertlilie*
Kniphofia – *Fackellilie*
Macleaya – *Federmohn*
Miscanthus – *Chinaschilf*
Nierembergia repens – *Weißbecher*
Paeonia – *Pfingstrose*
Phlox paniculata – *Phlox*

TIEFER SCHATTEN

Vollständiger Schatten stellt die vielleicht schwierigste und einschränkendste Situation für Gartenpflanzen dar, insbesondere in sehr trockenen Gegenden. Selbst bei regelmäßigem Wässern gewöhnen sich Pflanzen hier wahrscheinlich nur langsam ein, weil der Lichtmangel das Wachstum hemmt. Das düstere Erscheinungsbild solcher Bereiche kann aufgelockert werden, indem man einige Pflanzen mit buntlaubigen oder goldenen Blättern und hellen Blüten einbezieht.

Bäume
Abies alba – Tanne
Taxus baccata – Eibe

Sträucher
Buxus – Buchsbaum
Cornus canadensis – Hartriegel
Elaeagnus (immergrün) – Ölweide
Euonymus fortunei – Spindelstrauch
Gaultheria – Scheinbeere
Hypericum calycinum – Johanniskraut
Ilex (div.) – Stechpalme
Ligustrum (div.) – Liguster
Lonicera pileata, L. nitida – Immergrüne Heckenkirsche
Mahonia aquifolium – Mahonie
Pachysandra terminalis – Ysander
Prunus laurocerasus – Kirschlorbeer
Rhododendron-Hybriden
Rubus (div.) – Brombeere
Ruscus – Mäusedorn
Skimmia – Skimmie
Symphoricarpos – Schneebeere
Taxus – Eibe
Viburnum rhytidophyllum – Schneeball

Kletterpflanzen
Hedera helix – Efeu
Parthenocissus – Wilder Wein

Stauden
Asarum – Haselwurz
Athyrium filix-femina – Frauenfarn
Bergenia – Bergenie
Convallaria – Maiglöckchen
Dicentra – Tränendes Herz
Digitalis purpurea – Fingerhut
Dryopteris – Wurmfarn
Epimedium – Elfenblume
Euphorbia lathyris – Wolfsmilch
Galium odoratum – Waldmeister
Geranium sylvaticum, G. nodosum, G. macrorrhizum, G. maculatum, G. phaeum – Storchschnabel
Helleborus foetidus – Nieswurz
Hosta – Funkie
Liriope
Milium effusum aureum – Flattergras
Phyllitis – Hirschzungenfarn
Polygonatum – Salomonssiegel
Polystichum – Lanzenfarn
Rodgersia – Schaublatt
Saxifraga fortunei, S. stolonifera, S. urbium, S. fortunei, S. rotundifolia – Steinbrech
Smilacina – Schattenblume
Tellima – Falsche Alraunwurzel
Tiarella – Schaumblüte
Tricyrtis – Krötenlilie
**Vancouveria* – Vancouverie
Vinca – Immergrün
Viola labradorica – Veilchen

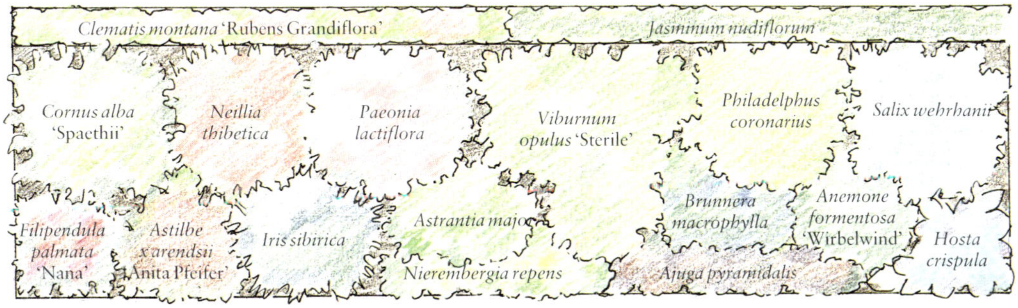

Trockene, schattige Rabatte

Trockene, schattige Rabatte
Pflanzen mit grauem Laub mögen Schatten in den meisten Fällen nicht, doch können dunkelgrüne Arten durch die Einbeziehung einiger Gewächse mit panaschierten oder goldenen Blättern und hellen Blüten aufgeheitert werden. Möglicherweise ist allerdings – insbesondere vor Hauswänden – häufiges Wässern erforderlich.

TROCKEN UND SCHATTIG

Diese Bedingungen sind typisch für viele Stadtgärten und Flächen unter Bäumen. Das Spektrum der geeigneten Pflanzen ist erheblich kleiner als an sonnigen Plätzen oder im feuchten Schatten. Es gedeihen hier nur wenige Blumen mit leuchtenden, auffallenden Blütenfarben, doch Weiß und helle Pastellfarben sind an diesen Standorten oft besonders wirkungsvoll. Obgleich die folgenden Arten problemlos wachsen, kann bei Neupflanzungen zumindest in der ersten Wachstumsperiode häufigeres Gießen erforderlich sein.

Bäume
Ailanthus altissima – Götterbaum
Betula nigra – Birke
Crataegus – Rotdorn, Weißdorn
Sorbus aucuparia – Eberesche
Taxus baccata – Eibe

Sträucher
Amelanchier – Felsenbirne
Buxus – Buchsbaum
Euonymus – Pfaffenhütchen
Ilex aquifolium – Stechpalme
Ligustrum ovalifolium – Liguster
Prunus laurocerasus – Kirschlorbeer
Rubus henryi – Zierbrombeere
Ruscus aculeatus – Mäusedorn
Sambucus nigra – Schwarzer Holunder

Kletterpflanzen
Hedera helix – Efeu
Parthenocissus – Wilder Wein

Stauden
Acanthus longifolius
Alchemilla mollis – Frauenmantel
Bergenia – Bergenie
Digitalis purpurea, D. grandiflora – Fingerhut
Dryopteris – Wurmfarn
Euphorbia – Wolfsmilch
Geranium (div.) – Storchschnabel
Helleborus foetidus, H. niger – Christrose
Iris foetidissima – Schwertlilie
Lamium – Goldnessel, Taubnessel
Liriope
Polygonatum – Salomonssiegel
Polystichum – Schildfarn
Vancouveria – Vancouverie
Vinca – Immergrün
Waldsteinia – Waldsteinie

FEUCHT UND SCHATTIG

Auch bei weniger intensiven Lichtverhältnissen erlauben feuchtere Böden die Wahl von Pflanzen mit größeren Blättern und auffälligeren Laubeffekten. Eine Vielzahl von recht unterschiedlichen Arten wird unter diesen Bedingungen gedeihen, obgleich hier wiederum blassere Farben oft am wirkungsvollsten sind.

Bäume
Ailanthus altissima – Götterbaum
Betula nigra, B. pendula – Schwarzbirke, Sandbirke
Prunus padus – Traubenkirsche
Sorbus aucuparia – Eberesche

Sträucher
Acer – Ahorn, incl. Zierformen
Cornus alba, C. canadensis – Hartriegel
Gaultheria – Scheinbeere
Hydrangea – Hortensie
Ilex – Stechpalme
Mahonia – Mahonie
Pieris – Lavendelheide
Rhododendron
Skimmia – Skimmie
Vaccinium – Heidelbeere, Preiselbeere

Kletterpflanzen
Hydrangea petiolaris – Kletterhortensie
Lonicera – Heckenkirsche
Parthenocissus – Wilder Wein

Stauden
Actaea – Christophskraut
Ajuga – Günsel
Alchemilla – Frauenmantel
Aruncus – Geißbart
Asarum – Haselwurz
Astilbe – Astilbe, Prachtspiere
Astilboides – Schaublatt
Bergenia – Bergenie
Brunnera – Kaukasusvergißmeinnicht
Cimicifuga – Silberkerze
Dicentra – Tränendes Herz
Epimedium – Elfenblume
Gentiana asclepiadea – Schwalbenwurzenzian
Geranium – Storchschnabel
Heucherella
Helleborus niger – Nieswurz, Christrose
Hosta – Funkie
Kirengeshoma – Wachsglocke
Ligularia – Greiskraut
Omphalodes – Gedenkemein
Ophiopogon – Schlangenbart
Phlox maculata – Flammenblume
Polygonatum – Salomonriegel
Primula – Primel
Pulmonaria – Lungenkraut

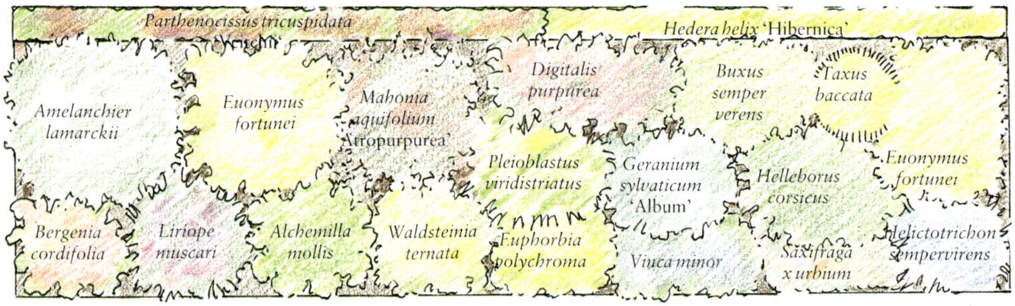

Feuchte, sonnige Rabatte

Feuchte, sonnige Rabatte
Einem solchen Standort sind wenige Beschränkungen auferlegt, und er bietet Gelegenheit, besonders auffälliges, ja skulpturhaftes Laub zu verwenden. Mehr Zurückhaltung mag insbesondere beim Haus angebracht sein. In der gezeigten Pflanzung entwickeln sich während der Wachstumsperiode interessante Blattformen und Blütenfarben.

Rheum – Rhabarber
Rodgersia – Schaublatt
Saxifraga fortunei, S. urbium, S.stolonifera – Steinbrech
Smilacina – Schattenblume
Symphytum – Beinwell
Tellima – Falsche Alraunwurzel
Tiarella – Schaumblüte
Trillium – Dreiblatt
Uvularia – Goldsiegel
Vancouveria – Vancouverie
Viola (div.) – Veilchen
Waldsteinia – Waldsteinie

KÜSTENLAGE

Das Klima an der Küste unterscheidet sich in vieler Hinsicht von dem im Binnenland, was die Zahl der Pflanzen begrenzt. Der Wind weht hier zumeist stärker und ist salzhaltiger, dagegen sind die Temperaturunterschiede geringer, da das Meer ausgleichend wirkt. Erhöhte ultraviolette Strahlung läßt bei einigen Pflanzen, die im Binnenland nicht winterhart wären, das Holz rascher reifen. In Küstengärten findet sich daher ein charakteristisches Spektrum an wind- und salzresistenten Pflanzen, von denen viele auch ohne Pflege in Gärten von Ferienhäusern gedeihen.

Bäume
Crataegus – Rotdorn, Weißdorn
Fraxinus – Esche
Pinus nigra – Schwarzkiefer
Quercus ilex, Q. robur – Stieleiche
Salix (div.) – Weide
Sorbus aucuparia, S. aria – Eberesche, Mehlbeere

Sträucher
Berberis darwinii – Berberitze
Buddleja davidii – Sommerflieder
Ceanothus – Säckelblume
Cotoneaster – Felsenmispel
Elaeagnus – Ölweide
Euonymus fortunei – Spindelstrauch
Fuchsia – Fuchsie
Genista (div.) – Ginster
Hippophae rhamnoides – Sanddorn
Hydrangea macrophylla – Hortensie
Lavandula – Lavendel
Rosmarinus officinalis – Rosmarin
Salvia officinalis – Salbei
Santolina – Heiligenblume
Tamarix – Tamariske
Viburnum (bes. immergrüne) – Schneeball

Kletterpflanzen
Polygonum aubertii – Knöterich

Stauden
Agapanthus – Schmucklilie
Anemone x *hybrida* – Anemone
Armeria – Grasnelke
Cortaderia – Pampasgras
Crocosmia – Montbretie
Erigeron – Feinstrahl
Eryngium – Edeldistel
Iris – Schwertlilie
Kniphofia – Fackellilie
Nepeta – Katzenminze
Phlomis (div.) – Brandkraut
Sedum – Mauerpfeffer

OFFEN UND EXPONIERT

Im Winter nehmen Pflanzen an exponierten Standorten bei Frost mehr Schaden durch Wind, Kälte und Austrocknung als anderswo, im Sommer sind sie stärker Trockenheit ausgesetzt. Solche Bedingungen können nur die zähesten Arten überleben, und in vielen Fällen findet man diese Pflanzen auch an ähnlichen Plätzen in der Natur. Die folgenden eignen sich für exponierte Lagen, wobei das Anbringen eines Windschutzes doch immer empfehlenswert ist, denn es erlaubt, eine größere Vielzahl von Pflanzen zu ziehen.

Bäume
Acer pseudoplatanus – Bergahorn
Betula (div.) – Birke
Fagus sylvatica – Rotbuche
Fraxinus excelsior – Esche
Larix decidua – Lärche
Pinus nigra, P. sylvestris – Schwarzkiefer, Waldkiefer
Quercus robur – Stieleiche
Sorbus aucuparia, S. aria – Eberesche, Mehlbeere
Taxus baccata – Eibe
Tilia cordata – Winterlinde
Tsuga canadensis – Hemlockstanne

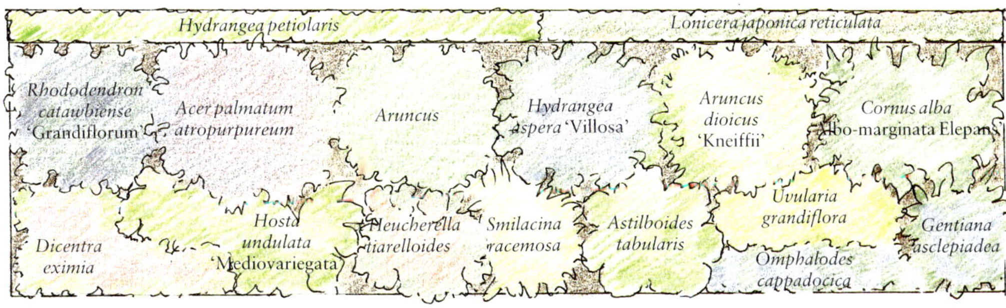

Feuchte, schattige Rabatte

Feuchte, schattige Rabatte
Auch wenn viele für diese Situation geeignete Pflanzen kräftige Blütenfarben haben, wie etwa Astilben und Goldkolben, hellen die zarteren, blasseren Farben, welche hier zusammen mit panaschierten Blättern verwendet wurden, eine schattige Rabatte auf hübschere Weise auf. Das reine Blau von Enzian und Omphalodes leuchtet im Schatten erheblich intensiver.

Sträucher
Berberis thunbergii – Berberitze
Calluna vulgaris – Besenheide
Cornus alba – Hartriegel
Corylus avellana – Haselnuß
Cotinus coggygria – Perückenstrauch
Cotoneaster horizontalis – Cotoneaster, Felsenmispel
Crataegus monogyna – Eingriffliger Weißdorn
Deutzia x *rosea* – Deutzie
Elaeagnus commutata – Ölweide
Erica carnea – Schneeheide
Euonymus fortunei – Spindelstrauch
**Gaultheria shallon* – Scheinbeere
Hippophae rhamnoides – Sanddorn
Hydrangea paniculata – Hortensie
Juniperus communis – Wacholder
Kerria japonica – Kerrie
Laburnum – Goldregen
Mahonia aquifolium – Mahonie
Pachysandra terminalis – Ysander
Philadelphus (div.) – Pfeifenstrauch
Pieris floribunda – Lavendelheide
Potentilla – Fingerstrauch
Rhododendron ponticum, R. yandshimanum
Salix – Weide
Spiraea – Spierstrauch
Tamarix – Tamariske
Viburnum opulus – Gemeiner Schneeball

Stauden
Achillea – Schafgarbe
Alchemilla – Frauenmantel
Anaphalis – Perlpfötchen
Anemone x *hybrida* – Anemone
Armeria – Grasnelke
Aster (kleinere Arten)
Bergenia – Bergenie
Centaurea – Flockenblume
Echinops – Kugeldistel
Eryngium – Edeldistel
Geranium – Storchschnabel
Hemerocallis – Taglilie
Kniphofia – Fackellilie
Malva – Malve
Nepeta – Katzenminze
Phalaris arundinacea 'icta' – Glanzgras
Potentilla – Fingerkraut
Scabiosa – Skabiose

WASSER- UND SUMPFGÄRTEN

Alle nachfolgend aufgeführten Pflanzen wachsen gern in ständiger Reichweite von Wasser neben einem Teich oder Bach oder an einer sumpfigen Stelle, obwohl es nicht alle vertragen, wenn sich ihre Wurzeln ständig im Wasser befinden. Viele haben üppiges, skulpturhaftes Laub und lassen ungemein interessante Laubeffekte entstehen. Obgleich ein großer Teil Schatten verträgt, sind die Blüten vorwiegend kräftig gelb, orange, rot oder rosa gefärbt.

Bäume
Alnus – Erle
Betula pendula, B. nigra – Sandbirke, Schwarzbirke
Magnolia – Magnolie (z.B. *M. soulangiana)*
Metasequoia glyptostroboides – Urweltmammutbaum
Populus – Pappel
Pterocarya – Flügelnuß
Quercus palustris – Sumpfeiche
Salix – Weide
Taxodium – Eibe

Sträucher
Clethra – Scheineller
Cornus alba, C. stolonifera – Hartriegel
Salix – Weide
Symphoricarpos – Schneebeere

Stauden
**Arundo donax* – Pfahlrohr
Astilbe – Astilbe, Prachtspiere
Caltha – Sumpfdotterblume
Cardamine pratensis 'Plena' – Wiesenschaumkraut
Carex (div.) – Segge
Darmera – Schildblatt
Euphorbia griffithii – Wolfsmilch
Filipendula – Mädesüß
Geum rivale – Nelkenwurz
Gunnera – Mammutblatt
Hosta – Funkie
Iris pseudacorus, I. sibirica – Sibirische Schwertlilie, Gelbe Sumpfschwertlilie
Ligularia – Greiskraut
Lythrum – Weiderich
Matteuccia – Straußfarn, Trichterfarn

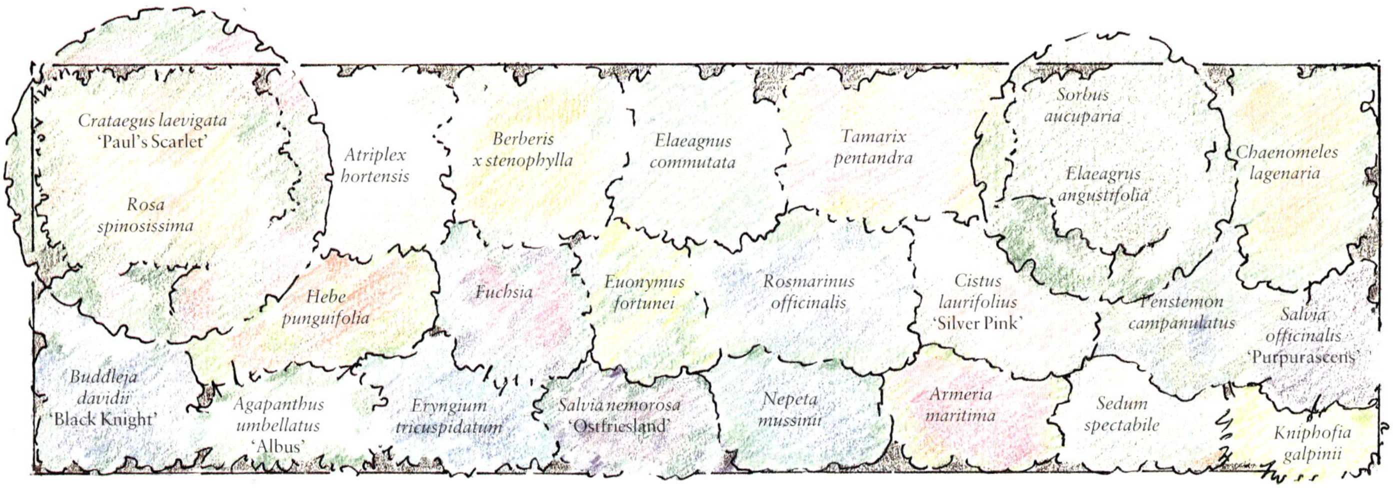

Rabatte in Küstenlage

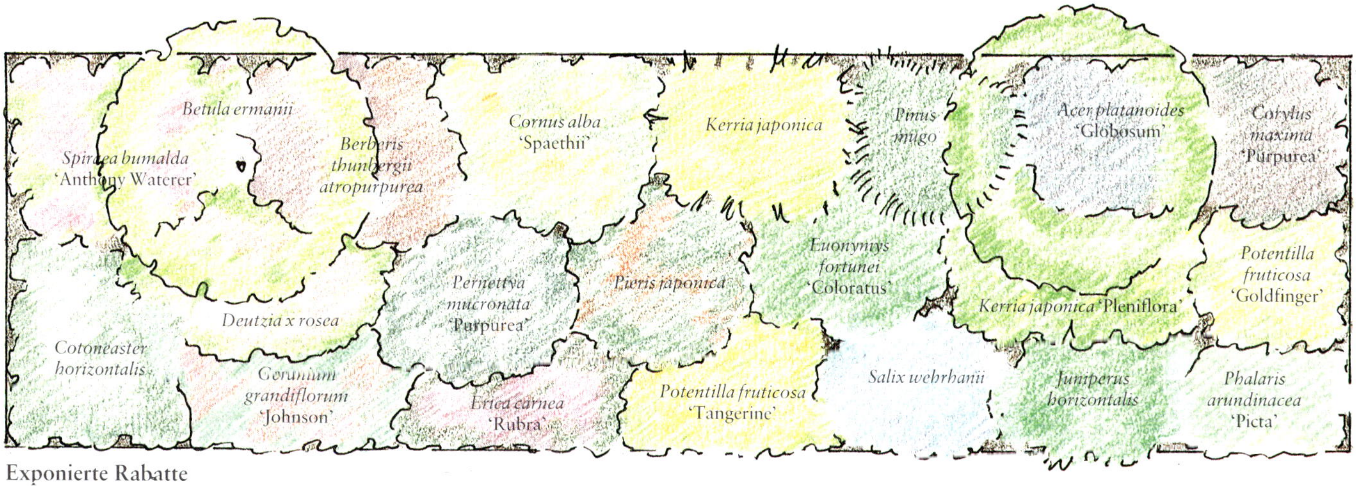

Exponierte Rabatte

Exponierte Rabatte
Allen exponiert liegenden Gärten tut ein Schutz gut, der den Wind abschwächt – wie etwa ein Gürtel aus robusten Bäumen und Sträuchern oder ein Lattenzaun. Eine solide Barriere ist selten hilfreich, da sie umfallen oder Probleme verursachen kann, weil Luftwirbel entstehen. Die hier verwendeten Pflanzen, von denen viele in der Natur an ähnlich exponierten Plätzen wachsen, sollten selbst unter unwirtlichsten Bedingungen gedeihen.

Rabatte in Küstenlage
Unter diesen Pflanzen, die salzreicher Luft und den Erschütterungen durch heftige Winde trotzen, finden sich viele, die im Binnenland vielleicht nicht winterhart wären. Wie bei den meisten Pflanzen, die sich für diese Bedingungen eignen, liegt die Farbpalette vorwiegend im Bereich der Rosa-, Violett- und Blautöne.

Mimulus – Gauklerblume
Onoclea – Perlfarn
Osmunda – Königsfarn
Primula sikkimensis – Primel
Rheum – Rhabarber
Rodgersia – Schaublatt
Saururus cernuus – Molchschwanz
Trollius – Trollblume

Unterwasserpflanzen
**Aponogeton distachyos* – Wasserähre
Butomus umbellatus – Blumenbinse
Hottonia palustris – Wasserfeder
Nymphaea – Seerose
**Orontium aquaticum* – Goldkeule
Pontederia cordata – Hechtkraut
Sagittaria – Pfeilkraut
Scirpus lacustris – Teichsimse
Typha – Rohrkolben

ROSEN

Mit Rosen gewinnt jeder Garten, nicht nur wegen ihrer sprichwörtlichen Schönheit, sondern weil sie wichtige Bestandteile von Pflanzungen sind.

Zwar eignen sich der steife Wuchs und die hitzigen Farben einiger moderner Cultivare nicht immer für gemischte Rabatten, doch gehören die folgenden Sorten, von denen die meisten wiederholt blühen, zu den schönsten unter den alten und neuen Sorten und sollten sich gut mit anderen Pflanzen kombinieren lassen.

Strauchrosen
'Benvenuto'
'Blossomtime'
R. canina – Hundsrose
'Centenaire de Lourdes' ('Mrs. Jones')
R. centifolia 'Muscosa' – Moosrose
'Dirigent'
'Elmshorn'
'F.J. Groetendorst'
R. foetida 'Bicolor' – Kapuzinerrose
'Fontaine'
'Frühlingsgold' – Bibernellrose, Dünenrose
R. gallica – 'Scharlachglut'
R. glauca (syn. R. rubrifolia) – Essigrose, Hechtrose
R. hugonis – Chinesische Goldrose
R. moyesii – Wildrose
R. multiflora – Vielblütige Rose
R. rubiginosa – Weinrose
R. nitida – Glanzrose
R. pendulina – Alpenrose
R. rugosa alba 'C.F. Meyer' – Kartoffelrose, Nelkenrose
'Schneewittchen' ('Iceberg')
R. spinosissima – Zimtrose
R. virginiana – Glanzrose

Beetrosen
Teehybrid-, Floribunda-, Polyantha- und buschige Chinarosen, die relativ wenig wachsen, können in gemischte Rabatten gepflanzt werden. Einige sind aber nicht immer winterhart, insbesondere ältere Cultivare, die aus Teerosen gezüchtet wurden.

'Alain'
'Allgold'
'Bad Füssing'
'Erotika'

'Escapade'
'Europeana'
'Gruß an Aachen'
'Insel Mainau'
'Irish Summer'
'Florentina'
'Freude'
'Herzog von Windsor'
'Königin der Rosen'
'Lilli Marlene'
'Lolita'
'Margaret Merril'
'Melina'
'Michèle Meilland'
'Mildred Scheel'
'Neue Revue'
'Pariser Charme'
'Rebecca'
'Sylvia'
'Via Mala'
'Virgo'

Kletterrosen
In der nachfolgenden Liste finden sich Kletter- und Schlingrosen unterschiedlicher Höhe, die an Mauern oder anderen statischen Elementen, wie Pergolen, Pfosten oder Spalieren wachsen können. Die Sorten sollten standortgemäß ausgewählt werden: Wuchsfreudige Sorten mit sehr langen Trieben wie 'Alexandre Girault' eignen sich für sehr hohe bauliche Elemente oder Wände, nicht aber für Pfosten von nur 2 m Höhe oder niedrige Mauern. Manche Farben sehen vor roten Ziegelsteinen häßlich aus.

'Bantry Bay'
'Blaze Superior'
'Coral Dawn'
'Coral Satin'
'Flammentanz'
'Golden Showers'
'Grandessa'
'Gruß an Heidelberg'
'Iceberg Climbing'
'Ilse Krolm Superior'
'Lawinia'
'Parkdirektor Riggers'
'Paul's Scarlet Climber'
'New Dawn'
'Parade'
'Rosarium Katersen'
'Sympathie'
'White Cockade'

Kletterrosen zum Emporranken an Bäumen
Einige Rosen sind nicht geeignet, um ordentlich an einer Wand gezogen zu werden. Ihre natürliche Anmut kommt nur dann zum Ausdruck, wenn sie ungehindert in den Zweigen eines Baumes ranken können, etwa um einer alten, dunklen Stechpalme oder Eibe neuen Reiz zu verleihen, deren Laub dann einen ausdrucksvollen Kontrast zu den hellen Blüten der Rose bildet. Alte, unproduktive Obstbäume sind ebenfalls gute Stützen, doch sollte man hier keine zu wuchsfreudigen Rosensorten nehmen, die ihre Stützen vollständig überwuchern und ihr frühzeitiges Ende herbeiführen.

R. alba 'Snaveolens'
R. canina – Hundsrose
'Blaze Superior'
'Dortmund'
'Flammentanz'
'New Dawn'
'Paul's Scarlet Climber'

Rosen für schattige Plätze oder Nordseiten
In tiefem Schatten werden Rosen weder gut gedeihen noch blühen, doch die unten aufgeführten Sorten entwickeln sich auch ohne direkte Sonne schön.

'Alba Maxima'
R. blanda
'Frühlingsgold'
'Golden Showers'
'Käthe Durignean'
'May Queen'
'Montana'
R. multibracteata
R. rubrifolia
'Tornado'
'Veilchenblau'
'Zigeunerknabe'

Rosen als Bodendecker
In großen Gärten können Kletter- und Schlingrosen auch horizontal wachsen, um auf dem Boden große Teppiche entstehen zu lassen, die das Unkraut unterdrücken. Für kleinere Gärten sollte man weniger wuchsfreudige Sorten wählen, die zwar Teppiche bilden, aber nur ein oder zwei Quadratmeter Bodenfläche bedecken. Geeignet sind hier einige ältere Sorten und viele neue Züchtungen. Ein jährlicher Schnitt ist gewöhnlich nicht erforderlich, doch tut ihnen eine Verjüngung gut, wenn man sie alle paar Jahre fast bis in Bodenhöhe zurückschneidet. Wie bei allen Bodendeckern ist es wichtig, daß die Erde beim Pflanzen frei von ausdauernden Unkräutern wie Quecken oder Winden ist. Die genannten Sorten eignen sich auch besonders gut, um sich über eine Stützmauer oder den Rand einer Terrasse zu ranken.

'Candy Rose'
'Fairy Dance'
'Fairyland'
'Fiona'
'Happy Meillandina'
'La Sevillana'
'Max Graf'
'Nozomi'
'Raubritter'
'Rote Max Graf'
R. rugosa 'Alba'
R. x rugotida
'Snow Carpet'
'Swany'
'White Hedge'

PFLEGELEICHTE PFLANZEN

Die folgenden Pflanzen brauchen, sobald sie einmal gut angewachsen sind, nur noch ein Minimum an Pflege, sofern die Licht- und Bodenbedingungen geeignet sind und sie unkrautfrei gehalten werden. Die aufgeführten Sträucher sollten praktisch keines Schnittes bedürfen und nur wenig anfällig für Krankheiten sein. Die ausgewählten Stauden sind insofern ebenfalls ausgesprochen pflegeleicht, als sie weder gestützt noch regelmäßig geteilt werden müssen, nicht wuchern und ebenfalls kaum unter Krankheiten leiden oder zu übermäßigem Schädlingsbefall neigen.

Sträucher
Berberis – Berberitze, Sauerdorn
Buxus – Buchsbaum
Chamaecyparis – Scheinzypresse
Cotoneaster – Felsenmispel
Euonymus fortunei – Spindelstrauch
Genista – Ginster
Hamamelis – Zaubernuß
Ilex – Stechpalme
Juniperus – Wacholder
Mahonia – Mahonie
Osmanthus – Königsfarn
Pachysandra – Ysander
Pieris – Lavendelheide
Rhododendron
Stephanandra – Kranzspiere
Syringa – Flieder

Rankende Kletterpflanzen
Campsis radicans – Trompetenblume
Hedera helix – Efeu
Hydrangea petiolaris – Kletterhortensie
Parthenocissus – Wilder Wein

Stauden
Agapanthus – Schmucklilie
Aruncus – Geißbart
Bergenia – Bergenie
Brunnera – Kaukasusvergißmeinnicht
Centaurea – Flockenblume
Crambe – Riesenschleierkraut
Dictamnus – Diptam
Epimedium – Elfenblume
Geranium (div.) – Storchschnabel
**Hakonechloa*
Helleborus – Nieswurz, Christrose
Hemerocallis – Taglilie
Hosta – Funkie
Iris sibirica – Sibirische Schwertlilie
**Liriope* – Liriope
Pulmonaria – Lungenkraut
Rodgersia – Schaublatt
Thalictrum – Wiesenraute

UNTERPFLANZEN

Staudenrabatten oder gemischte Rabatten müssen im Frühjahr nicht leblos wirken. Der Schlüssel zu einem abwechslungsreicheren und nicht nur in der Hauptblühsaison attraktiven Garten besteht darin, Pflanzen verschiedener Blühzeiten miteinander zu kombinieren. So kann man die Saison der Staudenrabatten beträchtlich verlängern, wenn man geschickt frühe Blumen dazwischenpflanzt, die bereits blühen und wieder welken, bevor sommergrüne Sträucher und Stauden Blätter entwickeln und sie erdrücken oder überschatten. So lassen sich beispielsweise Schneeglöckchen gut mit winterharten Fuchsien kombinieren, die jeden Winter bis in Bodenhöhe absterben und erst spät neue Triebe entwickeln. Funkien (*Hosta*) sind vielleicht die perfekten Pflanzen für solche Gemeinschaften, da alle Arten erst so spät Blätter entwickeln, daß sie im zeitigen Frühjahr zufrieden neben Schneeglöckchen und Anemonen existieren können. Ganz spät kommt *H. plantaginea*.

Bei einer anderen Art der Unterpflanzung verwendet man – sozusagen als Umkehrung der Winterpflanzen – höhere Zwiebelblumen, die zwischen niedrigeren Pflanzen hindurchwachsen. Geeignet sind hier etwa Vertreter der Familien *Lilium*, *Camassia* und *Galtonia* oder die höheren *Allium*-Arten.

Anemone appenina, *A. blanda*, *A. nemorosa* – Buschwindröschen
Chionodoxa – Schneestolz
Corydalis solida, *C. bulbosa* – Lerchensporn
Crocus – Krokus
Eranthis – Winterling
Erythronium – Hundszahn
Galanthus – Schneeglöckchen
Geranium – Storchschnabel
Iris (*Reticulata*-Sektion) – Iris
Muscari – Traubenhyazinthe
Narcissus – Narzisse
Ranunculus ficaria – Scharbockskraut
Scilla – Blaustern
Tulipa – Tulpe

NICHT WINTERHARTE, EINJÄHRIGE PFLANZEN

Diese Pflanzen spielen im Garten eine wichtige Rolle und sind ein wenig zusätzliche Arbeit wert, da sie die Wachstumsperiode hindurch bunte Blüten und auffällige – ja selbst tropisch wirkende – Blätter entwickeln. Sie eignen sich auch als Lückenfüller und sind darüber hinaus sehr nützlich für Gefäße, um mit ihren Farben oder Formen Blickfänge entstehen zu lassen.

Calceolaria – Pantoffelblume
Canna – Blumenrohr
Cordyline – Keulenlilie
Dahlia – Dahlie
Fuchsia – Fuchsie
Helichrysum – Strohblume
Heliotropium – Sonnenwende
Lantana – Wandelröschen
Nicotiana – Ziertabak
Pelargonium – Pelargonie, Geranie
Penstemon – Bartfaden
Petunia – Petunie
Ricinus – Wunderbaum
Salvia – Salbei
Verbena – Verbene

Farbeffekte

Sehr unterschiedlich beeinflussen verschiedene Pflanzenfarben die Atmosphäre eines Gartens. Jede Farbe signalisiert etwas anderes; Grün etwa wirkt beruhigend, während Rot Lebhaftigkeit ausstrahlt. Wie die Farben zusammengestellt werden, ist entscheidend für den Gesamteindruck des Gartens. Betrachtet man Pflanzengruppen, wird man feststellen können, daß einige Farben herausstechen, während andere untereinander harmonisch zusammenfließen. Welche Farben gewählt und wie sie zusammengestellt werden, ist grundlegend für eine lebendige oder beruhigende Komposition. Natürlich ist es Geschmackssache, ob man einen Garten fröhlich oder abweisend, farblos oder aufregend findet. Aber um die Wirkung für seinen Garten zu erzielen, die man sich vorstellt, muß man wissen, wie Farben sich auf natürliche Weise gegenseitig beeinflussen.

Betrachtet man die einzelnen Farben genauer, werden Farbbegriffe wie »harmonisch« und »kontrastreich«, die häufig im Sprachgebrauch benutzt werden, verständlich.

Farbspektrum
Um Farbverwandtschaften zu erklären, benutzen wir eine Farbenscheibe, die die 6 Farben des Regenbogens darstellt, (Rot, Orange, Gelb, Grün, Blau und Violett). Tatsächlich ist das Spektrum aufgrund der vielen Farbabstufungen natürlich ein Kontinuum. In Wirklichkeit haben Farben natürlich auch andere Dimensionen: Sie können mehr oder weniger intensiv sein, dunkler zum Schwarz oder blasser zum Weiß werden.

Beispiele, die auf dem spektralen Kolorit basieren, vermitteln ein vereinfachtes Bild, welches trotzdem eine hilfreiche Richtlinie zum Verstehen komplexer Zusammenwirkung von Farben in Pflanzenkompositionen sein kann.

Farblicher Zusammenhang
Der weiße Hintergrund erhöht die Leuchtkraft dieser Bilder, so als hätte man eine Handvoll Blätter über eine Seite verstreut. In der Realität sind die Farben des Gartens aber untrennbar von ihrem gewöhnlichen grünen oder erdfarbenen Hintergrund. Darüber hinaus beinflussen noch eine Reihe anderer Dinge in der freien Natur die Farben, die wir sehen. Hier steht an erster Stelle die Qualität des Lichts, das abhängig vom Klima und der Tageszeit ist. Die genaue Form und die Beschaffenheit jeder Blüte oder jedes Blattes beeinflussen zudem die Farbwiedergabe und lassen sie entweder klar oder verwischt erscheinen.

Oben: Diese drei Komplementärfarbenpaare stehen sich auf der Farbskala gegenüber und bilden daher einen starken Kontrast. Das Auge kann sie nicht verbinden, wodurch der Unterschied besonders betont wird. Werden sie intensiv miteinander kombiniert, entstehen bizarre und farbenprächtige Kompositionen.

Mitte und rechts: Diese Paare verkörpern angrenzende Farben im Spektrum. So beinhaltet die sekundäre Farbe Grün gelbe und blaue Pigmente und ist dadurch mit beiden Farbtönen verbunden. Das Auge findet fließende Übergänge zwischen diesen Farben und empfindet Farbpaare oder auch längere Farbfolgen als harmonisch.

Warm und kalt wirkende Farben
Nach Helligkeitsgraden zusammengestellte Farbgruppierungen sind eben unauffällig. Eine Zusammenstellung, die auf »warmen« Rot-, Orange- und Gelbtöne basiert (rechts), leuchtet dagegen im Sonnenlicht und zieht das Auge sofort an. Eine »kühlere« Zusammenstellung (ganz rechts) zeigt Blau-, Hellviolett- und bläulichrosa Töne, die oft weniger intensiv oder sogar pastellblaß ins Weißliche übergehend sind. Hier gehören auch noch die dunklen Schieferschattierungen dazu. Ein bewölkter Himmel oder Schatten verstärken diesen Eindruck, während Sonnenlicht solche Feinheiten ausbleicht. Aus der Ferne wirken die Formen dieser Bandbreite verschwommen, lösen sich auf und verstärken das Gefühl der Weite.

Kontrast
Als klassische Kombination hat man bis vor kurzem harmonische weiche Farben mit silbrigem Laub betrachtet. Langsam geht man jetzt zu auffälligeren Farbzusammenstellungen über. Eine Mischung von Blau und Gelb wirkt besonders intensiv.

Harmonie
Große Gärten bieten die Möglichkeit, das ganze Farbspektrum für harmonische Blumenbeete zu verwenden. Hier kann man Schattierungen von Lila bis Rot, Orange bis Gelb, bis hin zu Grün und Blau spielen lassen. Ist das Grundstück kleiner, beschränkt man sich auf wenige Farben, um einen besonderen Effekt zu erzielen. In diesem Bild sind Rosa- und Hellilatöne, verbunden mit purpur- und silberfarbenem Laub, sehr wirkungsvoll.

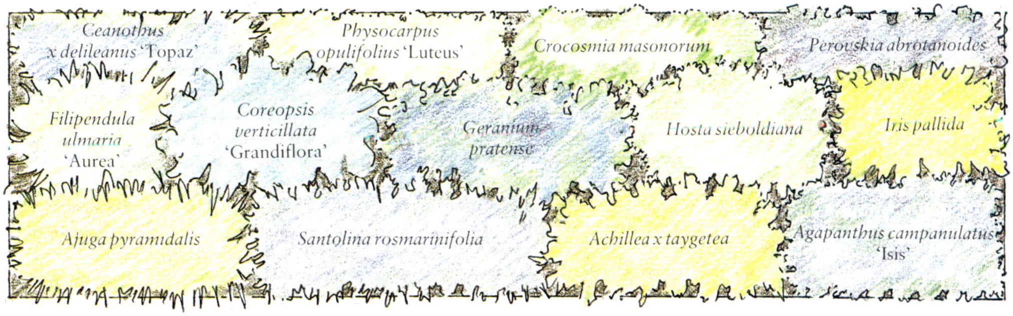

Ein Blumenbeet mit kontrastierenden Farben

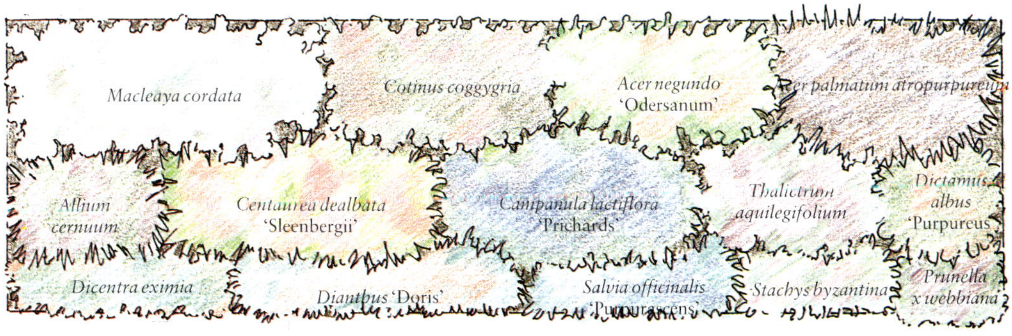

Harmonische Farben in einem Blumenbeet

Sachregister

Pflanzenregister

Deutsche Namen:

Botanische Namen:

DANKSAGUNG DES AUTORS

Ich möchte mich bei Frances Lincoln bedanken, daß ich die Möglichkeit erhielt, das Buch »Gartengestaltung« zu schreiben und zu illustrieren. Mein besonderer Dank gilt dem hingebungsvollen Team von Graphikern und Redakteuren, insbesondere Caroline Hillier, Louise Tucker, Sarah Mitchell und Erica Hunningher. Meine Frau Ann tippte das Manuskript und die Notizen. Ohne ihre Unterstützung und Ermutigung wäre dieses Buch nie entstanden. Zum Schluß danke ich noch Notcutts Nurseries of Woodbridge, Suffolk, Bressingham Gardens of Diss, Norfolk und Anthony Archer Wills für ihre freundlichen Ratschläge.

DANKSAGUNG DES VERLAGS

Der Verlag möchte folgenden Personen für ihre Hilfe beim Zustandekommen dieses Buches danken: Penny David für die redaktionelle Mitarbeit, Tony Lord für die Unterstützung bei gärtnerischen Belangen; außerdem Emma Callery, Anne Fisher, Katy Foskew, Nicola Medlik, Susan Nice, Stephen Riddle und Karen Watson für ihre redaktionelle und gestalterische Mitarbeit.

BILDNACHWEIS

Heather Angel 11, 91
Boys Syndication/Michael Boys 93, 111, Jacqui Hurst 54, 82
Geoff Dann/FLL © 51, 61
Karl-Dietrich Bühler 33
Garden Picture Library/Henk Dijkman 117, Anthony Paul 156, Gary Rogers 101, Wolfram Stehling 79, Ron Sutherland 8, 32, 45, 86, 106, 107, 120, 151, Kate Zari 23
Jerry Harpur 13, 35, 36–7 (Lucy Gent), 41, 60, 110, 121, 144
Marijke Heuff 17 (Ineke Greve), 28–9 (Rappard-Elias), Titel (Rappard-Elias)
Jacqui Hurst/FLL © 125
Andrew Lawson 3, 16 links, mitte, rechts, 30, 72 links und rechts
Marianne Majerus/FLL © 31
S & O Mathews Photography 9, 15
Tania Midgley/FLL © 68 oben
Phillipe Perdereau 19
Elizabeth Whiting & Associates/Karl-Dietrich Bühler 68 unten, Michael Dunne 149, Andreas von Einsiedel 21, Jerry Harpur 27 (Gail Jenkins), 38 (Helen Preston), 77, 96, 100, 103 (Burford House), 147, Clive Helm 65, Rodney Hyett 128, Jerry Tubby 10
Steve Woster/FLL © 150 (Beth Chatto)

Gartenarchitekten:
Michael Balston 32; Richard Bödeker 13, 35, 60, 110, 121; Valtin von Delius 33; Arno King 146; Gail Jenkins 27; Anthony Paul 86; Duane Paul Design Team 45, 142; Christopher Masson 41; Pietor Plomin 120; Michael Runge 144; Mark Rumary 147; Mien Ruys 106; Henk Weijers 117.